WEALTHINKING

富者の思考

お金が人を選んでいる

ケリー・チェ［著］　小笠原藤子［訳］

JN222250

CCCメディアハウス

プロローグ：お金も人生も豊かにしたいあなたへ

私は田舎育ち、農家の出だ。貧困層のさらに底辺にいた。

私たち6人きょうだいを育てるために両親は働き蜂となり、苦労の連続だった。いくら馬車馬のように働いても、食事と教育費の工面で終わるのが農夫の生活だ。それが両親から学んだすべてだった。

全日制高校に通うこともできず、昼は女工として働き、夜間定時制高校で勉強した。辛い時期だった。おまけに難読症があり、読むのに苦労したため成績はいつも地を這う有様。大人になっても、ひょんなことから始めた事業で10億ウォン（約1億円）

の借金を抱えてしまった。当時、30代後半。どうしたら希望など持てようか。いっそのこと死んだほうがまし、そんな考えばかりが渦まく日々だった……。

＊　＊　＊

「なんだ、なんだ？」

長い髭面の何かが大きな目をして私をじっと見つめている。海の上でのんびりと昼寝をし、目を開けた瞬間のことだ。何を考えているんだか、なんとそいつは私の鼻先にまで近づいてきた。ようやく落ち着きを取り戻す。天井の小窓から私を見下ろすアシカだった。

「鼻チューでもしたい？」

アシカは私を和ませた。

アシカは、その後家族まで連れてきて、数日間一緒に航海を楽しんでいた。食事をするテーブルのソファーにお尻で押し入ってきては、旅行にでも来たつもりなのか、海に帰るそぶりも見せなかった。

家族とセーリングヨットの世界旅行中。今は鳥や海の動物たちの地上の楽園と呼ばれる東太平洋ガラパゴス諸島に来ている。ヨーロッパやカリブ海を通過し、南アフリカを経由してここに至るまで、飛行機では訪れることのできない数多の島を目にしてきた。自然の雄大さと神秘を満喫し、大自然の懐で育った珍しい動物たちからの大歓迎を受けた。

ガラパゴスに到着する前のこと。眠りについた家族の代わりに、私は夜の海でひとり帆を守っていた。この世には海と空、そして自分しかいないような気がしていた。その瞬間、数百もの光が漆黒のような色の海をパッと照らしたかと思うと、矢のように私をかすめた。この神秘的な光景が何なのか、最初はまるで見当もつかなかった。そろそろと近づいてみると、月ほどの大きさをしたクラゲの群れが蛍光を放ちながら海のあちこちに浮かんでいるではないか。これは私が海上で目にしたもっとも美しいワンシーンだった。

時には数え切れないイルカの群れが、私たちを巨大なエイやサメの群れから守ってくれたこともあった。ヨットと共にゆっくり泳ぐその姿は、人生で初めて目にする真の美しさだった。

宇宙と海はこんなにも美しかった？
この美しさの正体は何？
美しく満ち足りたこの感情とは？

世界のあちこちをヨットで航海する間、私は、私と家族そして宇宙が一体であることを実感できた。つまり、この上ない調和をプレゼントされたのだった。ここから溢れ出る平穏と安心感は、私の内にあるコンプレックスや欲望の残滓までをも宇宙の星の光へ溶け込ませてくれた。

空には星が光り輝いていた。我々は一人ひとり孤独に違いないが、どこかですべてがつながっているように思えた。あの空に星が光り、海がゆらめき、どこかで風がなびき、ヨットは前へ進んでいる。

不思議ではないか。自然が私に新たな道を開いてくれたわけではない。風に乗って速度を上げるヨットのそばで、イルカの群れは静かに並走したにすぎない。光はただ降り注いでいただけ。ただそれだけなのに遠く遥かに広がる海で、一人向き合う大自然が心を揺さぶり、私が進むべき新たな道を教えてくれたのだ。

＊　＊　＊

かつて私は最悪の瞬間にも人生を捨てずに思いとどまったことがある。その時母のためにも生き抜くんだと固く心に誓った。

そのためには、まず過去の自分を捨て、新しい自分に生まれ変わる必要性があった。身を切る思いで実力不足だという事実を真っ向から認めることにした。そして、私と似たようなバックグラウンドを持ちつつも、失敗を乗り越えた1000人の成功者について勉強し始めたのだ。

私は成功した富者に共通した考え方を一つずつ検証し、完全に会得した。そのおかげで自分が目標に掲げたすべてのことを5年で成し遂げられたのだ。10億ウォンもの借金を抱え、パリのセーヌ川で身投げ寸前の負け犬だった私は、6千人もの雇用を生み出し、12カ国で40を超える系列会社を抱えるグローバル企業の社長に生まれ変わった。

このような成長を可能にしたものは、

富（wealth）の
思考（thinking）
すなわち、
ウェルシンキング（wealthinking）だ。

成功者の方法をそのまま踏襲すれば、自分も必ず成功できると信じた。その信念をもとに、自ら実践を重ね続けた結果、自分が１００年働いたとしても決して得られない巨大な富を築くことができた。

多くの人が富者になりたいと望むが、誰もがなれるわけではない。その理由は、人々が富者の駆使するツールを知らないからだ。航海に出たいのに、昼夜惜しむことなく自動車の運転を練習をしたところで、何の意味があろうか。意地と情熱だけで自動車にしがみついて海に飛び込んだところで、何の意味があろうか。一生懸命働きさえすれば富者になれるという理論なら、この世の誰よりもまず私の母が裕福になっていないとおかしい。

富者を目指すなら、それなりの方法を研究するべきで、お金を稼ごうとするならその道の研究をすべきなのは自明の理だ。

本書『お金が人を選んでいる』は、富を築いた人々が持つ考え方の「根」を理解し、それを体得するために「富の思考」を語るものだ。富とは貧しさの対極の概念だが、両者の考え方にはエネルギーという共通点がある。ただし、その方向性はやはり正反対だ。貧しさに対する考え方は過去にとらわれ、富に対する考え方は現在と未来に向けられる。従って貧しさの思考はあなたの人生の限界を決め、壁に閉じ込めてしまう。一方、富の思考はあなたの人生の地平線を広げ、壁を打ち破ってくれるのだ。

あなたの人生に壁を作ってしまうものは、
世界を信じ、
他人を信じ、
自分自身を信じることから生まれる固定観念だ。
富者はこの3つの壁を破るメンタルの持ち主だ。

私が経験したように、あなたにもぜひこの3つの壁を破り人生を豊かにしてほしい。人生のどん底から私を救ったものは、富者の考え方、すなわち、まさに〈ウェルシンキング〉だと、力を込めて言い切れる。

私は、富者の考え方、習慣、お金に対する姿勢、お金を稼ぐ法則など、私の人生の支柱を揺さぶった富者の「根」にある思考を体得した。この過程で得た生の知見を、切に成功を夢見る読者の方々へ余すところなくお届けしよう。

人はよく、完成形（成果／結果）だけを見て自分には無理だと判断し簡単にあきらめてしまう。しかし、成果を実らせた「根」にある思考を完全に自分のものにすると、断念しなくなる。思考の根をしっかりと張ることで、決して揺さぶられることのない人生を生きることができるからだ。

成功したい、時間的自由を得たい、何よりも富を築きたい人々に、本書は大きな助けになると自負している。心から成功を望む読者に、喉の渇きを潤すオアシスのような贈り物となれば嬉しい。

富者の思考　お金が人を選んでいる

目次

1 富の思考〈ウェルシンキング〉理論編

どん底の貧乏から始まった

生き抜け！：あなたは大切な存在

富の思考：〈ウェルシンキング〉

成功者の共通習慣：〈7つの法則〉

真の富者が持つ3要素

2 富の創造〈ウェルシンキング〉実践編

富を引き寄せる〈7つの思考の根〉

実ではなく根を意識せよ！

視覚化の魔力

夢を実現する〈6つの視覚化〉

第 1 部

富の思考

〈ウェルシンキング〉理論編

どん底の貧乏から始まった

ハンソン実業、初めての職場。16歳だった私の職場兼自宅だった。

全北特別自治道井邑《チョンウプ》市からバスに乗り、夕方ソウルの踏十里《タプシムニ》に到着した。中学校を卒業したての少女たちがバスからぞろぞろ降りた。生まれて初めてのバスで酔い、私はふらふらだった。明日から「女工」と呼ばれるこの少女たちは、案内に従い見知らぬ建物に向かった。

1階全体が寄宿舎だ。狭い廊下を挟んで10余りの部屋が並んでいた。各自の部屋を探し、キョロキョロする少女たちの目には、不安と期待が入り混じっていた。部屋に入ると、見渡す限り鉄製の三段ベッドが置かれている。ベッドといえば聞こえはいいが、単に板張りのパネルで組まれたものだ。仰向けになると、硬い床に寝ているのと変わらなかった。

ベッドは幅1・1メートル、長さ1・8メートル程度。各階の高さは80センチしかなく、ベッドに座るとほとんど天井に頭がつきそうだった。一人分のスペースはたったそれだけだ。

1部屋に三段ベッドが12台ずつ。カプセルのような小さい部屋に36人の少女が入れば、足の踏み場もなくぎゅうぎゅう詰めだ。好き嫌い関係なく、女工たちは養鶏場に閉じ込められたような生活を強いられるのだ。にわかには信じられない光景だった。

私は服の入った風呂敷をベッドの上に置いた。当然、基本的な日用品は準備されているものだと思っていた。ところが布団はもちろんのこと、タオルや洗面器、石鹸、歯磨き粉、歯ブラシといった洗面道具さえも各自準備してくる必要があったのだ。最大の問題は布団だった。部屋全体に暖房が効いていたとはいえ、12月、ひんやりした冷気を布団なしで乗り切るのは並大抵のことではなかった。そのうえ枕もない。服を数枚重ねて、ようやく枕がわりにした。

一人故郷から出てきた最初の夜、右も左もわからず怖くてなかなか眠りにつけなかった。母が恋しかった。子供の頃から、母の姿が見えないと泣いてばかり。母が野良仕事をしているのを確かめて、やっと泣きやんでいたくらいだ。母がいない夜がこんなに心細いとは……。だが、もう故郷に戻ることなどできなかった。

みんなもあまりに疲れていたからか、あちこちから歯ぎしりやいびきの音が聞こえてきた。「こんなことなら、なんで私を産んだの?」と両親を恨んだ。寒すぎて目を覚ますたびに、自分が世界でいちばん不幸に思えた。

翌日、歯磨き粉と歯ブラシ、石鹸を取り揃えた。有り金はたった7000ウォン(約700円)。布団と枕はおろか、洗面器を買うことなど考えに及ばなかった。

きょうだいが買ってくれたもの——布団と枕と洗面器

初月給をもらう数日前、誰かが訪ねてきたと思ったら、兄と姉だった。私よりも小さい時にソウルへ来て苦労していた兄と姉は、私を見るなりぎゅっと抱き寄せた。二人は、私がチャンミ劇場近くのワイシャツ工場にいるとだけ聞き、休日になると私を探しに村中訪ね回ったと言った。来るのが遅くなってごめんという言葉とともに、涙を流した。私も久しぶりの再会に声を上げて泣いた。

1日中一緒にいても、ほとんど喋らない無愛想な兄。それなのに、大きな目を赤らめていっぱい涙をためた。きょうだいがいるというのは、こんなに幸せなことだったのかと、今さらながら実感した。その日、私は本当に幸せで、ありがたく、嬉しかった。あの頃、私より先に独立していた兄と姉の姿は、この世で誰よりも頼もしく見えた。

初めて工場へ行った時は、気後れしてひどくおどおどしていた。田舎の大人が口癖のように言っていた「ソウルでは目を閉じたら鼻をもぎ取られるぞ」という言葉を信じ込んでいた。だからいつも緊張の糸を緩めることなく目をかっと見開いて行動していた。何一つ奪われないぞという執念、何より大切な私の鼻は絶対もぎ取られたりしないんだという一種の生存意欲をむき出しにした。私だけでなく一緒に働いていた若い女工たちはみんな同じ心境だっただろう。こんな心理的に不安な状態で、兄と姉に会ったのだ。千軍万馬を得たようだった。

「必要なものはない？」

「お布団と枕と洗面器、買ってもらえないかな」

その言葉を聞くや否や、姉は目を丸くして私を見つめ、「本当にすぐに来てあげられなくてごめんね」と涙を流した。姉の涙を見た途端、私の目からも涙が溢れ出した。その晩は1ヶ月ぶりに布団をかぶって深い眠りにつくことができた。早朝に起床し、1日中働き詰め。その後夜間の授業に出る毎日だった。夜中の12時を過ぎてやっとベッドに入れたので、疲労は溜まり、睡眠も足りていなかった。工場に来てからまともに眠ったのは、あの晩が初めてだった。誰が歯ぎしりをし、いびきをかいているのか、もうそんな音も耳に入らなくなった。二人が買ってくれた布団は、それほど私にとって頼れる防音壁となったのだ。

最初はとても辛かったが、他の子たちとは異なり兄と姉が近くにいたため、工場生活にすぐに慣れることができた。当時、私の月給は6～7万ウォン程度にしかならなかったが、お金を稼ぐために入社したわけではなかった。ハンソン実業は私のように貧しくて学業を続けられない少女たちを、夜間学校に行かせてくれるという名目で運営する会社だった。そのため残業もなかった。初めての工場の仕事は大変だったけれど、死ぬほどきついわけでもなかった。仕事をしているおかげで、寮で食事をし、寝起きし、学校にも通えるのだから。なかでも学校に行けることが、もっとも重要だった。

工場の仕事は朝8時に始業し、午後5時に終業した。8時に始業しようと思うと、いくら遅くても1時間前には起床し洗顔を終えていないと朝食にありつけない。朝も晩も洗面所は戦場さながらだった。限られた水道の蛇口に、2〜300人余りが列をなし、そそくさと洗顔を済まさねばならなかった。もっと早く起きて余裕を持って洗顔すれば、ゆっくり朝食を取れるのはわかっている。だが、誰もが睡眠不足で、遅刻しないぎりぎりまで粘って洗面所に駆け込むのだ。

学校は午後6時に始まった。午後5時に仕事が終わるから1時間の余裕があるように見える。しかし、工場から学校までは30分強離れていた。おまけに布を扱う仕事だから、仕事後は髪にも服にも埃が付着している。服をはたいて身ぎれいにし、荷物をまとめ、夕飯まで食べようとすると、20分以内にすべて済ませないと間に合わなかった。だから5時になると、年頃の女子たちがバタバタと先を争い洗面所、食堂、寮へと全力疾走した。今、振り返ると、心痛むシーンではあるが、当時はそれさえも楽しかった。

親友の死

翌年、晩冬の時分だった。5時30分。いつも通り工場の前には私たちを学校へ運ぶバスが待機していた。あの日、私はいつになく早くバスに乗った。窓の外を見ると、友人らが重いスカートの裾をはためかせながら駆け寄ってきていた。私は曇った窓ガラスを袖口で拭いて、みんなを眺めていた。いちばんの親友ヨンスク（仮名）がドタバタ走ってくる。手にしているものが見えた。たぶん蒸しパンと牛乳だ。

ヨンスクは雪のように白い蒸しパンが好きだった。仕事が少し長引いたのか、洗面所の列が長かったのか、晩ご飯を食べられなかったのだろう。ご飯を食べるよりも学校を優先させたかった子だ。私たちはみんな、勉強の出来、不出来にかかわらず本当に学校が大好きだった。息をハアハア切らしながらバスに飛び乗ってきたヨンスクは、前の座席に座る私に目で挨拶だけして、さっと後ろのほうに移動した。

あの日、女工のヨンスクが自らバスを降りることはなかった。バスが学校に到着した時、彼女はもう亡くなっていた。蒸しパンを急いで食べ、パンの塊を気道に詰まらせたのだ。バスの後方がざわざわしたと思ったら、友人らの嗚咽が聞こえてきた。救急処置も受けられないまま、親友のヨンスクは冷たい屍となった。

ヨンスクと私、そして幾人かは、家族同然だった。「生きるんだ」という強い意志一つを胸に故郷を離れてここに集まった私たちは、お互いにとって家族そのものだった。境遇はみんな似たり寄ったりだったが、ヨンスクの家は特に厳しかった。それでもヨンスクは暗い顔一つ見せなかった。むしろ明朗だった。私たちのなかで勉強もいちばん頑張っていた。食事をする暇もなく、バスの中で口に押し込み、むしゃむしゃ食べた蒸しパン。それが彼女の命を奪った。

したいことが色々あったあの少女は、どれほど生きたかっただろうか。自分が死んでしまうと知った時、どれほど悔しかっただろうか。あの日、学校は涙の渦だった。先生たちも本を取り出す音すら立てることができず、悲しげに泣いていた。

担任の先生は40代半ばで父と同年齢だった。私たちくらいの子供がいたはずの先生は、明け方から夜遅くまで働き、学校に来る私たちを見ていつも胸を痛めていた。だから授業時間にうとうとする私たちを、叱ったことは一度もなかった。起こすことさえためらうほどで、起こす時も敏感な年頃の学生を傷つけたりしないように、顔を洗っておいでとそっと耳打ちした。そんな先生だったから、ヨンスクが逝ってしまった日は、とめどなく涙を流していた。私たちはその姿を見て、さらに胸が締めつけられ、余計に涙が溢れた。

こうして生きて死ぬために生まれたのか？

彼女がいなくなった後、気持ちを立て直すことなどできなかった。いちばんの親友が亡くなったというのに、工場では何事もなかったかのように無心で働いた。自動化システムのため、ぼうっとしていると他の友人に迷惑がかかるからだ。なんとしても気を引き締めないといけなかった。自動化システムの速度に合わせて仕事をしていると、夢にまで出てきたヨンスクの死が遠のいた。労働者の少女たちには、悲しむ暇すらなかったのだ。それが私を苦しめた。

午後5時、仕事が終われば決まってヨンスクが現れる気がした。学校に向かうバスでも、授業中でも、涙は流れ続けた。こうして生きるために、こうして生きて死ぬために、この世に生まれたんじゃない。恨めしさが大きくなり続けた。ふと、ヨンスクと一緒だった昼休憩のことを思い出した。

昼食の時間になると、食堂へ走った。そうしないと食べたいおかずを食べられず、いい席に座れないからだ。手をつないだまま、ヨンスクと私は配膳台の前に立った。息を切らしながら、ぼこっとしたステンレスのトレイを差し出して、おばさんにご飯と汁、そしておかずをよそってもらった。

「ちょっと、おでんよ、おでん！」

ヨンスクははしゃいで私の背中を叩いた。

「おばさん、おでん、ちょっと多めにくださいね」

彼女と私はおでんがこんもりのったトレイを持ち、出入り口からいちばん近いテーブルに座った。おでんを少し多くよそってもらっただけなのに、飛び上がるほど喜んだ。出入り口の横に座れたから、ご飯をささっと食べて、少しうとうとする時間をいつもより数分稼げたわけだ。運のいい日だった。たかがおでん一つ、数分の休息にさえ、幸せを感じられた私たち。おでんよりもっとおいしい食べ物も、もっといい人生の余裕も知りようがなかった。何よりも、これが最後になるとは、それこそ知る由もなかった。

決意――どん底から這い上がれ

　ヨンスクが亡くなって以降、深く眠れなくなった。いつものように、明け方まで寝床で寝返りを打っていると、寮の隣にある教会の鐘が鳴った。何かに引きずられるように起き上がり、教会へ向かった。知りもしない賛美歌をしどろもどろで一緒に歌っていると、涙がボトボト落ちてきた。早朝礼拝が終わるまで、涙は止まらなかった。神様は私たちにどうして試練を与えるのか。かわいそうな女子たちに、どうしてこんなに苦労させるのか。心のうちでそう慟哭した。その時だ。「ここから出ないと！」という心の奥底からの声が聞こえた。私は決心した。すぐにでも工場を出ようと。

　この先どうやって生きていこうか、考えると途方に暮れる。でもここを出ようと決めた理由は火を見るよりも明らかだった。私はこんな人生を生きるために生まれたのではないと思ったからだ。無念にも先立った親友ヨンスクに、もっといい世界を見せたかった。工場を去る日、私はヨンスクの思い出を胸にしまい、彼女の分まで一生懸命生きようと誓った。

数十年が過ぎた今でも、時折ヨンスクを思い出す。すると、もう名前もあやふやなハンソン実業の友人らの顔もひょっこり浮かぶ。疲れていても友を思い出せば力がまた湧いてくる。私は彼女の分まで生きないといけないのだから。誰に命令されたわけでもないけれど、まるで私がハンソン実業時代の友人代表でもあるかのように、彼女らの分まで背負って生きていくんだと自分自身を鼓舞した。人生のどん底で、もっとも大切な友人の死をもって気づかされた、我が人生の重要な出発点だから！

みんな、赤貧洗うがごとしだったけど、
私がきっとやり遂げる。
誰にだってできるし何にでもなれるってこと、
必ず世界に見せつけるから。

生き抜け！
あなたは大切な存在

私は6人きょうだいの5番目だ。父は両足が腕のように細い上、事故に遭って片手を開くことができなくなった。止血するために手をぎゅっと握って耐えていたところ、手がそのまま固まってしまったのだ。

共働きでもしんどい畑仕事。父が働けなくなり、生活が困窮したのは自然の成り行きだった。母一人であくせく働いた。男でも過酷な果樹園の仕事まで厭わず死ぬ気で。それでも6人きょうだいを食べさせ勉強を教えるには力不足だった。私の上の3人は小学校も卒業できず、早々に独立するために社会に飛び込んだ。

田舎での生活はみんな似たようなものだったから、貧乏を意識したことはなく、不幸だと思ったこともなかった。周囲に一生懸命勉強する人もおらず、勉強も後回しだった。成績はビリに近かった。学期休みの宿題はやっていったことなどない。こんな私だったが、両親は責めなかった。難読症があり、まともに本を読めないという事実を遅ればせながら知った。もしかしたら、そのせいで勉強が特に嫌いだったのかもしれない。

そんな私だが中学校を終え、高校に行きたくなった。勉強の出来が悪くても高校は絶対に卒業すべきだと思ったのだ。せめて農業高等学校でもいいから通いたかった。だが、両親は子供のうち一人だけを学校に行かせるなら、それは兄だろうと考えていた。食べていくのも大変な時期だったから、子供を全員学校に出せないなら、長男を行かせるのが道理だという雰囲気だったのだ。そして、その兄が大黒柱の役目を果たすというのが、もっとも現実的だった。私は生まれて初めて両親が恨めしかった。女性であることで、初めて差別を感じた瞬間でもあった。

ところが、兄は自ら高校進学をあきらめた。私は、産業体付設の夜間高等学校ならばお金がなくても通えると言われて、ハンソン実業に就職しようと決心した。昼間は工場で働き、夜は夜間高校で勉強することにしたと母に伝えた。無言だった。私はもう一度訊いた。

「そうしてもいいでしょ？」

「あんたがよく考えて決めたんだろうから。母さんはあんたを信じてるよ。きっとうまくいくさ」

母は黙って私の背中を軽く叩いた。「よく考えて決めたんだろうから信じる、きっとうまくいく」という母の言葉。私が何かを決めて、母に伝えるたびに、答えはいつも一言一句同じ言葉だった。母は私がどんな決断を下そうと、阻もうとするどころか、もう一度よく考えなさいとさえ言ったことがなかった。子供たちをそれほど厚く信頼し、気をくじくようなことはしなかった。


家を出る前日、母は私の手をぎゅっと握りしめ、しばらく口を閉ざした。努めて涙をこぼさないようにしていたのだろう。子供たちを一人ずつ見送るたびに、母は胸が裂ける思いだったはずだ。私まで入れると全部で5人を送り出したことになる。その都度泣き明かしていたなら、母の心はぼろぼろになったに違いない。

「クムネ、これから辛いだろうよ。本当にしんどいはずだ。生きているとね、明日ってもんがどんどん大変になるんだ。でもね、誰かに寄りかかろうなんて、絶対思ったらいかん。きょうだい間にだって、自分のもん、おまえのもんがあるじゃないか。あんたはあんたとして独立できるように頑張らなきゃいかん。それでこそ人としてまともに生きていけるってもんだ」

生涯、どれほど苦労すれば、明日が今日より辛いなんて言うようになるのか。心が重くなった。

「心配なの？　心配しないで」

母は不器用に笑いながらガサガサの手で私の手の甲を撫でた。

「心配いらないって。小川から龍が起きるって言うじゃない。私が必ず成功してお母さんの夢を全部叶えてあげるから」

私は苦労続きの母を少しでもいたわりたかった。母は言葉もなく頷いた。私は豪語した。

「今いちばん食べたいものってなに？　お金をたくさん稼いだら、思う存分食べさせてあげるよ」

幼い娘のたわ言に、母はやっと満面の笑みを浮かべた。

「あたしはね、卵を一ザル茹でて、あま～い果汁が流れる桃を一ザル持ってきて、好きなだけ食べてみたい」

「任せて。っていうか、一ザルって何よ？　一生、嫌って言うほど食べさせてあげるからね」

母は今度も黙って、うんうん頷いた。あの晩、母と私はお互いの手を握りしめたまま眠りについた。翌日、私は服の入った風呂敷一つだけ胸に抱えて家を出た。

工場を辞め、日本、そしてフランスへ

成功のために挑戦したソウル行き。死力を尽くしたのは間違いない。母の信頼に応え、うんざりする貧乏生活から抜け出すために、高等学校卒業証書がどうしても必要だった。それでも家族同様の友人に先立たれてからは、しばらく気持ちを立て直すことはできなかった。ただ、無念に世を去ったヨンスクの魂のためにも、必ずや生き残って成功を手にしなければならなかった。

工場を辞めて、ファッションをきちんと学びたかった私は、ほぼ無一文で日本に旅立った。アルバイトをしながら服飾専門学校に通った。ところが卒業後も、取り巻く環境はさほど変わらなかった。どこに住もうと、お金がないのは同じだった。そこで無鉄砲にもファッションの国フランスへと向かったのだ。

フランス語が一言もできない状態で渡ったパリ。猛勉強して働いた。お金を稼げば幸せが保証されると固く信じていた。神様が切実な思いを汲んでくれたのだろうか？厳しい現実に直面することも多々あったが、することなすこと、流れる水のごとくうまくいった。このように努力した私は、30代半ばには友人の勧めで展示事業を展開するに至った。

展示事業はパリ本社から韓国支社まで拡大し、徐々に成長した。確信があったので、多くの借金まで抱えて投資した。成功を夢見ながら一生懸命働き続けた。しかし、その嬉しさも束の間、すべてが砂のように手からこぼれ落ちた。死ぬほど頑張って積み重ねた努力が水泡に帰する気分だった。そう、私は事業に失敗したのだ。

再びのどん底――フランスですべてを失う

すべてを失ったあの日、私はセーヌ川の橋の上に立っていた。バラ色の未来を夢見た時期にも、上昇気流に乗っていた時期にも、そしてすべてを失っただけでは済まず、10億ウォン（約1億円）の借金だけが残されたあの日にも、セーヌ川は変わることなく流れていた。暗い水面《みなも》に数万もの光がきらきらと降り注いでは砕けた。

人の気も知らずに悠々と流れるセーヌ川を、私はただ呆然と眺めていた。あまりにも大きな喪失感と虚脱感に涙も出てこなかった。正気に戻った時には、太陽が落ちて深い闇の中だった。こんなふうに生きて何になる、ふと思った。暗い水面に、早くおいで、と呼ばれているようだった。

考えの渦に閉じ込められていたら、青黒い川の中からヨンスクに声をかけられた気がした。「クムネ、もういいよ。大丈夫。あなた、ベストを尽くしたじゃない。やるだけやったんだし、私の分まで頑張ってくれた……」もう本当にヨンスクのそばに行ってもいいんだなと思えた。気を張って生きてきた日々が、走馬灯のごとく蘇った。

朦朧と自宅に戻ると、いつの間にか深夜を回っていた。暗い壁を手繰ってライトのスイッチを押した。きちんと手入れのされていない古びた雰囲気の部屋が、はっきりと照らし出された。待っている人もいないわびしい部屋、訪ねてくる人もいない寂しい部屋、まさに私の人生そのもの。玄関のドアを開けて入ると、鏡が目に入った。鏡をまともに見たのはいつぶりだろう？　汚れがしみついた鏡に映ったのは、かつての堂々とした、活気に満ち溢れた姿は影もない、みすぼらしい体たらく。事業の失敗後、

10キロ太った私の体は、見るに堪えなかった。

大切な人のために力強く生きよ

このまま生きていていいんだろうか？　むしろ人生を終わらせるほうがいいのでは？　そんな気持ちが心の奥底からふつふつと湧いてきた。暗い気持ちが鏡の中にまで広がった気がした。その時だ。誰かが私を呼んだ。

「クムネ！　クムネちゃん！　自慢の娘！」

鏡の中から母が私に声をかけながら、明るく笑っていた。母はいつでも私を「うちの希望」と言っていた。中学校を卒業しソウルに働きに出た時、日本に行った時、フランスに来た時、事業に成功した時、さらには失敗した時も、私はいつだって母の自慢の娘だった。私が死を選択しようとしたその瞬間にも、母にとって私は自慢の子であり、希望のはずだった。母を置いて先に死ぬのは、母を道連れにするのと変わらない。

「そうだ。生きないと。これからは母のために生きるんだ」

母のために生きようと決めたあの日、人生のすべてが根こそぎ変わることになるとは、露ほども知らなかった。

命を落とす寸前だったが、母のおかげでまた生きる意志を取り戻し、前に進めたのだ。思い起こせば、私を助けてくれたのはいつも母だった。私が望んだのは稼ぎと成功だったが、母は私に何を望んだのだろうか？　鏡の前で考えた。答えは思いのほかすぐに出た。なんとしてでも娘が力強く生き抜くこと、ただそれだけだった。

すべてを失い、また一から始めることにしたが、前回同様、あるいは前回以上に成功する自信はなかった。それでも母が私に望む人生くらいは、いくらでも生きられそうに思えた。私はいつも母の希望の星だったが、今は母が私の希望だ。「なんとしてでも生き抜くこと！」母が私に願ったことは、本当にシンプルだ。もしかしたらこの世の両親誰もが子供に望むことなのかもしれない。

失敗後、ずっと死にかけていた希望という奴が、胸のうちでずっと頭をもたげてきた。その後、どうなったかって？　数え切れないほど転び、砕けながら失敗を繰り返した。でも母にとって私は大切な存在に変わりないのだから、そのたびにこう叫んだのだ。

いくら私が失敗しようと
一歩を踏み出せないことなど絶対にない！

失敗は前進のための心得よ！

今も事情はそう変わらないだろうが、当時、フランス留学費用の工面は大変だった。だから裕福な家庭の子供たちだけが留学できた。私は自ら費用を工面せざるを得なかったから、苦労してパリに辿り着いた暁には、必ず大きな学びを得ると決めていた。

フランスで大学を卒業した時、私には数多くの友人がいた。韓国人だけでなくフランス人も多かった。韓国人の友人は、どうやって私がフランス社会に溶け込んだのか尋ねる。そのたびに、私が知るノウハウを全部教えてあげたが、私と同じように振舞える友人はそういなかった。フランス文化を理解してからは、つたない会話能力ではあっても、行く先々で物怖じせずに話した。文法が正しくない時もあれば、間違った情報を伝えてしまったこともある。それでも私は失敗を恐れなかった。初めてフランスに来た頃は、間違えたらどうしようと萎縮したこともよくあった。だが、いつからかそんな考えが私を少しも成長させてくれないと気づいたのだ。人々が私を鼻で笑うなら、それも仕方ないと心に決めると、それ以降萎縮することはなくなった。

ある時、失言したことがある。友人が言った。

「ケリー、それは間違いよ」

「そうなの？　知らなかった。おかげで一つ学べたわ。本当にありがとう」

すぐに認めれば、誰も私の陰口を叩いたりしなかった。それがフランス文化だった。たとえ悪口を言われたとしても、やむをえなかった。失敗せずにうまくいくことなど、この世にはないとよく知っていたから。

失敗と挫折は違う

パリ留学を成功させた後にも、私にはしょっちゅう失敗が待っていた。卒業する時分、パリの流行が少しずつ変化していると感じた。パリのファッションはオートクチュール、すなわち高級オーダーメイドの女性服が中心になっていた。既製の服という意味のプレタポルテもまた、一般人には手が届かないほど高価なものだった。しかし、いつからかパリでもニューヨークのミニマリズムが広がりを見せ始めていた。これからカルバン・クラインのようなブランドのブームが来て、新たな時代が幕開けすると予感した。

私はニューヨークへ行くつもりだった。先にニューヨークに行った友人がデザイナーとして就職させてくれると思っていたのだ。ニューヨークで数年勉強してから、パリに定住する予定だった。私がニューヨークを選んだのは、デザイナーとしての限界を感じていたからでもあった。

デザインの仕事ならば負けない自信があった。ところがフランス人たちは、直線の最後の部分が急にぼやけて曲線に変わる絵を描いては、曲線にする理由について何時間も議論した。ルーヴルで見たとか、ヴェルサイユで見たとか、どこかの哲学者が言っていたとか。まあ、そんな偉大な比喩まで出しながら。

素敵なデザインが描けたところで、私にはその意味について十分説明するのが難しかった。創造力と人文学的素養の違いだった。しろと言われればその通りにし、行けと言われればその通りに行く教育を受けてきた私だ。彼らについていく自信はとても持てなかった。

フランス人たちは、1時間で終わるファッションショーをめぐって、何日でも激しい討論を重ねることができた。目だけしっかり見開き、先生の言葉をじっと聞く教育を受けてきたアジア人。フランス人を凌駕するだけの創造力がなければ、頭角を現すことはほぼ不可能だった。

もちろん皆が必ずしもそうだったわけではない。時には韓国人で、私と同じような教育を受けても飛び抜けた創造力を持ち合わせる人もいた。ただ私は、時代と環境の限界を凌げるほどの天才ではなかったし、その事実を苦々しくも淡々と受け止めた。

そんな私にとっては、ファッションの実用性をより重要視しているニューヨークのほうがパリより合っているだろうと判断したのだ。私はパリのファッション業界でトップになるには力不足だったが、だからといって挫折したわけではない。失敗を恐れず挑戦する精神。それこそが最高の長所だとわかったからだ。

何度失敗しても強くなればいい

私が単身、井邑からソウルへ、韓国から日本へ、そしてフランスへ飛んでチャレンジしたことも、失敗を恐れていたら決してできないことだった。

聡明なわけでも、特別な才能を持って生まれたわけでもなかった。だから数十回、数百回と失敗したけれど、そのおかげで失敗を恐れないようになった。熱い炎に身を任せ、ハンマーで叩かれるほどにもっと強くなる鉄の塊のように、私は強くなる一方だった。目指すべき目的地は明確だったから、失敗を噛みしめる時間すら、私には与えられなかった。

今も同じだ。私はこれからも無数の失敗を繰り返すだろう。むしろそう願いたい。成功する回数より失敗する回数が多ければ強くなれる。だから失敗そのものをあまり怖がらないでほしい。むしろ失敗が怖くて挑戦すらできない人生を警戒すべきだ。何よりも無数に起こる失敗が積み重なってこそ、いつの日か成功するチャンスが訪れるという事実を忘れてはならない。

幼い頃に数え切れないほどつまずき、心破れたおかげで
あなたも今、この地にしっかり立てている。

捨てよ！：３つの悪い習慣

私がフランスで多くの失敗を経験しながら悟ったことは、「何をするかより、何をしないか」これについて悩むほうが賢明だということだ。だから自分が満足するレベルの富を築くまでは、普段から楽しんでいたことを一切断つことにした。いい習慣であれ、悪い習慣であれ、必ず結果がついてくるからだ。

自問自答した。「お金持ちがしないことってなんだろう？」そうして自分の人生を振り返った時、「３つの悪い習慣」を捨てるべきだと思った。良い考えも、行動に移さなければ意味がない。そこですぐに行動に移した。

悪い習慣①：飲酒

実際、私が禁酒したのは、最初の事業の時だった。決心した理由は、お酒を飲んで失敗したからではない。それほどお酒を飲んだこともない。ただお酒に時間を取られるのが惜しかったからだ。あの頃、私は民宿のオーナー兼ガイドの傍ら事業を立ち上げる準備もしていた。体が2つあっても足りないくらいだった。お酒を飲んでいたら、6時間も過ぎてしまったことがある。そこで禁酒しようと決心したのだ。それ以降、私はお酒を一口も飲まなかった。

その上、私のように目立つ、派手な女性が男性陣と事業のためにお酒を口にすると、軽く見られかねなかった。コネではなく実力で勝負したかった。私が慕っていた女性の先輩は、「事業を始めたら、取引先の人たちとお酒を飲みながら親睦を深めないといけないのに、反対にお酒をやめるなんて、あまりにも無鉄砲じゃない？」と私をからかった。

最初に起こした事業の終盤、いくら努力しても借金だけが増えた。社員の給料日が近づくと恐ろしくなった。焼酎一杯の力で、生きた心地になれそうな気がした。ある時などは、目を開けていることすら辛くて、顔から血の気が引いていた。それほど一杯のお酒を欲していた。

しかし、そんなに大変な時でさえ、お酒に手を出さなかった。飲めば一杯だけでは済まない。二度と起き上がれない。何より自分との約束を決して破ってはならなかった。まだ成功していないのだから、飲まないのは当たり前だった。

普段から夕食を共にしながらお酒も飲む先輩たちには、「どうしちゃったの？」「これくらいなら飲んでもいいじゃない」とお酒を勧められた。それでもお酒を断る私は、次第にお酒の席に呼ばれなくなった。お酒を飲まないという原則は特別なものではない。しかし禁酒したおかげで多くの時間を確保でき、より冴えた精神で自分がすべきことに情熱を注ぐことができた。

悪い習慣②：中毒性の高い遊び

私は時間に少し余裕ができると、ドラマを観たり、ゲームをしたりするのが好きだった。一度始めると途中でやめられないのが問題だ。当然、時間の使い方として効率的ではない。だからどうすれば時間を効果的に使えるのか悩んだ。

　成功者たちは時間に余裕があれば、本を読みながら徹底的に自己投資への時間を確保していた。彼らの人生の楽しみ方は、大抵私とは異なった。成功のためには、時間を不必要に浪費することを減らして、自己発展させるための時間を持つこと、すなわち自己管理が基本だ。

　特に最近の若い人たちには、度を越したＳＮＳの使用を控えるよう、強くお勧めする。ＳＮＳの特徴の一つが、なかなかやめられないという点だ。ＳＮＳが自分の事業や個人の発展に結びついているならまだしも、ただの遊びならば、間違いなくいちばん時間を取られているはずだ。ゆえにＳＮＳへの接続を減らし、その時間を確保しながら自己啓発のために活動するのがいい。

　いくら大きな成功を収めても、自分を発展させる時間を確保できないようなら、すべてが無意味だ。成功のために注いだ血と汗、そして涙。成功をやっと手にして得た富と人脈、そのすべてが蜃気楼のように消え去ると想像してみたらいい。これがどれほど悔しく惜しいことか。

悪い習慣③：会食やパーティーへの参加

韓国もヨーロッパも集まりの目的は同じ。人脈づくりだ。人が集まると、新しいパワーが創出される。チャンスの場を設けるには最適の方法だ。

しかし集まりに参加することは、成功を妨げる要因にもなる。これは一般的な考えとは正反対だ。事業家である私が集まりに出向かないと話すと、人々は決まって「人脈づくりはどうするのか」と問いただす。私はこう答える。

「人脈づくりをしないだけ」

こう言うには理由がある。人脈はつくるものではないからだ。

考えてみてほしい。あなたが私に「私はケリーと友人になりたいし、きっとそうなる」と言えば、きっとそうなるだろう。私は友人が好きで、新しい友人は歓迎だ。でも「私はケリーを人脈づくりに利用したい」と言えば話は変わる。私はあなたに利用されたい気持ちなど微塵もない。「私と友人になりたい人」と「私を人脈づくりに利用したい人」、この両者を私が見分けられないとでも？　これは、単なる私の意見ではない。すべての成功者が直感的に感じる部分だ。だから私は人脈づくりをしない。

なるべくパーティーに行かないように決めたのも時間を無駄にしないためだ。パーティーは通常、1日の夜の時間をまるごと奪う。社交には役に立つだろうが、私は1回大失敗をしでかし、社交には特別な意味がないと骨身に染みた。本当に大切な友人や家族とのパーティー以外の、単なる社交に貴重な時間を使いたくなかった。これは成功した今でも死守している原則だ。

悪い習慣を捨てた分、良い習慣を作ればいい

幸福になりたいなら、まずあなたの人生を蝕む悪習慣を断たないといけない。そして3つの悪習慣をやめられたら、良い習慣を3つ作る必要がある。無駄にしていた時間を自分の成功のために投入しなくてはならない。昨日より明日の自分が、少しでも前進できるように、時間を確保する。日々、小さな成長でいい。なぜなら、成長は複利効果を生み出すからだ。

たとえば1日1％成長しても、100日経てば100％成長したことになる。

１００日後には期待以上に成長しているはずだ。いくら物足りない、パッとしない人生でも、止《とど》まることを知らなければ、５年後には今とはまるっきり別の人生を歩いているということになる。

成功者1000人を師匠にせよ！

初めて事業に失敗した時ですら、誰かのアドバイスが重要だとは思わなかった。無知だった私はアドバイスを求めるという発想にさえ至らなかったのだ。当時はまだ、メンターやロールモデルといった言葉も流行していなかった。一人で頑張っていれば、成功すると思い込んでいた。今はもちろんアドバイスを重要だと考えているが、あの頃は思いつかなかったのだ。

成功に向かう軌道に乗るのは、とても簡単だ。問題は継続と解決策だ。周期的に襲ってくる断念したいという欲望、そして決定的な瞬間に生じる様々なトラブル。これらをコントロールできなければ、我々は目標に到達できない。これが、メンターやロールモデル、さらにはその分野の専門家によるコーチングが必要な理由だ。

メンターとは、自分の中に潜在する可能性を発揮できるよう導いてくれる人のこと。だから、人生のメンターやロールモデルを探し、アドバイスを求め、彼らの成功方式を理解することは目標に到達する近道になる。

もしもあなたがお金持ちになりたいなら、本当のお金持ちをメンターにしないといけない。しかし、多くの人が目標を立てる段階で犯す致命的なミスがある。名声があるという理由で、お金持ちではない人にお金の稼ぎ方を訊いたり、お金の稼ぎ方を習得していない家族や友人、先輩に人生相談をしたりすることだ。

もっと深刻なのは、自分のお金を奪おうとする人々に投資してしまうこと。夢を叶える過程で、行く手を阻む者は、意外とすぐそばにいる。つまり自分の両親、きょうだい、友人らだ。

事業を試みたことのない人に、事業に関するアドバイスを求めるのは果たして正しいだろうか？　リーダーでもない人に、リーダーになる方法を学ぶのは？

あなたが選択した分野で高みを極めたいなら、その分野で最高の人を師匠にしなければならない。だが、あなたはきっとこう思うだろう。「そういう人はすごく忙しくて、とても会うことなどできませんよ」「仮に会えたとして、さらに親交を深めていくことなんて可能ですか?」と。共感できなくもない。しかし、直接会わなくても学べる方法はいくらでもある。成功者はすでに次のような方法を取っている。

本に師匠を求めよ

あなたと似た境遇で、成功した人々の本を読め。読むだけではだめだ。完全にその方法を習得する覚悟で成功者の功績を踏襲し、そのまま実践しなければならない。

こんな話はありふれていると思うかもしれないが、この方法で彼らは成功したという事実を忘れるな。成功者たちの人生を垣間見ただけで判断を下したりせず、彼らの立場で考え、自分の人生で追体験しようとする姿勢が欠かせない。

師匠の行動を真似よ

講義や記事、各種インタビューやSNSコンテンツを集めてスクラップブックを作り、学べ。この方法は、ウォーレン・バフェット、トニー・ロビンズのような成功の大家も行っているものだ。自分が真似たい指導者（グールー）が現れたら、私は費用を度外視して何度もその人の講演を聴きに行く。

師匠の思考回路を身につけよ

決断を下す瞬間、師匠ならどういう行動をとるか、想像することが肝心だ。師匠に関して十分に研究していれば、賢明な決断を下すことができるはずだ。私もまた、一度も会ったことのない数多くの師匠を思い浮かべながら、成果を伴う決定を下し続けてきた。

私は、「ケリーデリ（KellyDeli）」という事業を準備しながら現場と理論を熟知したが、師匠がいなければ成功は不可能だっただろう。師匠の中には、実際に会ってテクニックを伝授してくれる人もいれば、経営やマインドセットについてコーチングしてくれる人もいた。ここでポイントは、１０００人を師匠にしたということだ。

私は１０００人の師匠を深く研究し、自分のものにしようと努力した。そして、その結果は素晴らしいものだった。師匠のおかげで決断と選択の瞬間が訪れるたびに、悩むことなく集中できたからだ。

師匠とはゴールに向かうためのペースメーカー

師匠が本当に必要な理由は、継続力と解決策を得られるからだ。これは、マラソンのペースメーカーを想像してもらえればよくわかる。ペースメーカーは、中距離走以上の距離を走る場合や自転車競技で、選手が目標までうまく到達できるように手助けする。速度を調節しメンタルを整えながら、選手が完走できるように力になるという役割を果たす。

つまるところ、目標達成も継続と解決策が鍵なのだ。あきらめないこと、問題を突きつけられても逃げ出さないこと。これだけでも完走できる。だが、一人では孤独で辛い道のりだ。成功者の傍らには、いつも立派な師匠がいた。だから、成功したいなら、悩んでいないで師匠を探し、ベンチマークとせよ。師匠の目線で夢に向かう旅路を行き、問題を解決せよ。

あなただって、早くに偉大な目標を
達成できるはずだ。

富の思考：〈ウェルシンキング〉

「ケリーデリ」を準備する2年間、傍目から見れば、私の状況は失敗する前と少しも変わらなかった。心機一転、挑戦への意欲はあったが、危機の連続だった。何より相変わらずお金がなかった。返済不能な10億ウォン（約1億円）の負債が、ずっしり心に重くのしかかった。それでも自分をありのままに愛し、幸せになろうと決めた。その心意気で、すぐにできることから始め、日々、喜びを味わおうと努力した。

消費者の購買状況を調査するため、毎日スーパーマーケットに通った。本も読んだ。すると自分に変化が感じられた。バラ色の未来について強い確信を持てたのだ。

私を取り巻く環境は相変わらずだったが、私は以前とは全く違う人物になっていった。毎日良いエネルギーで新たに満たされる感覚、あらゆることに感謝する気持ち、成功街道まっしぐらの時ですら味わえなかった幸福感が充満していた。

思考を変えたら恐怖が消えた

私に与えられた危機的状況で、変わったことは一つもなかった。ただもう一度頑張って生きていこうという姿勢を持ち、覚悟を決めたのがすべてだ。態度を改め、腹をくくると、それ以上危機的状況に怯えなくなった。むしろ危機の次に待っていることに期待を寄せた。思考の切り替えがどれほど重要なのか悟った瞬間だった。もう私には危機が危機ではなくなっていた。危機は、ワンステップ成長するための起爆剤のようなものに過ぎなかった。

私が最初に考えた事業アイテムは三角おにぎりだった。資料を探すと、おにぎりで成功した事例が米国市場にはいくつか見られたが、ヨーロッパではまだなかった。可能性を信じ、韓国に戻って工場見学をし、様々な調査もした。ところが、とんでもないところで問題が発生した。フランスでは自分の店で調理をして売る時とは異なり、食べ物を調理してスーパーなどに納品する際には、様々な法的規制があったのだ。何より無菌システムを導入した工場がなければ許可を得ることもできない。そうなると10億ウォンの資金が必要になる。根をつめて働いたここまでの時間が惜しかったが、それだけの資本はなかった。断念する以外に選択肢はなかった。いくらいい事業といえども、多大な資金が必要な事業はしないとあらかじめ決めていたからだ。

費用と時間をたっぷり投資して立てた計画だったが、企画倒れに終わった。明らかに危機だ。だが、私はそれを全く危機と捉えず、より成長するためのシグナルだと確信した。私は韓国のり巻きのキンパでも寿司でもスーパーで直接調理して売る方法はないかと熟考した。正面突破を目論んだのだ。

持たざる者の負け根性に負けない

深く悩んでいた頃のこと。フランスのスーパーで寿司弁当の販売が開始された。人々の反応も上々だ。すぐに寿司弁当を買って食べてみた。それがまずい。新鮮でもない。あらかじめ調理済みの寿司がスーパーに納品されたので、鮮度を維持できるはずはなかった。

寿司は私がいちばん好きな食べ物だ。手っ取り早く食べられる美味しく新鮮な寿司を作って売れば、十分勝算が見込めた。私には、大好きな料理を誰よりも美味しく新鮮に提供する自信があった。何より客が見ている目の前で、寿司を握るパフォーマンスを提供すれば、信頼と興味を兼ね備えられると確信していた。

私と客、従業員、みんなが楽しめる「ケリーデリ」の幸せな寿司が誕生する瞬間だった。私はさっそく事業案を変更し、世界でいちばん美味しい寿司を伝授してくれる師匠を探し始めた。

山本先生のようなパリで活躍する寿司職人が、なぜ何も望まず私のような人物を手助けしたのか、怪訝《けげん》に思う人もいることだろう。運が良かったから、だから成功したと思う人もいるかもしれない。それも嘘ではない。しかし、手をこまねいているだけでは、どんな運もやって来ない。危機を傍観する姿勢を改め、覚悟を決めたことで運も近づいてきたのだと思っている。昔の私だったら山本先生を訪ねるなど考えも及ばなかっただろう。それほどの人物を先生と仰ごうとするなら、当然、大金が必要だと考えたはずだから。

私だけでなく、大概の人がそう考えるのでは？　現実は、私たちが知る原理に流されていくかもしれない。つまり、お金でお金を稼ぎ、家柄がいい人たちがチャンスを掴む。いくら頑張ったところでお金と家柄には勝てない。我々は引きも切らずそんな恨めしい現実を見せつけられてきた。だから何も持っていない者など、決してあの高みに登ることはできないと早合点し、あきらめることに慣れている。

私もまた事業に失敗した当時、このように考えていた。お金や影響力を持つ家庭に生まれていたら、こんな時資金をもらって簡単に挽回できるだろうに。持つものがないから失敗したと思い込み、なおさら大きな挫折を味わった。しかし世の中は、必ずしもそんなふうにしか動かないものではないと知った。時には情熱や善意が思いもよらぬ結果を生み出してくれることもあるのだ。

成功者は人の誠意を見抜く

山本先生を訪ねる時は、断られても仕方ないという心構えだった。実際、最初は断られた。私にはまた新たな試練が訪れたわけだが、気にも留めなかった。危機への耐性がついていたのだ。どうすれば山本先生の助けを受けられるか、ひたすらそれだけに考えを巡らせていた。美味しいお寿司を握るためには、先生の助けが必要不可欠だ。幸いにも二度目に山本先生はお許しをくれた。断られても、何度でも訪ねていたことだろう。美味しい寿司を作り、より多くの人々に彼の寿司を食べてほしかったから。

山本先生は、私が断られてもあきらめなかったから助けたのではない。寿司を心から愛していた先生は、私が寿司をどれだけ好きか、またこの仕事にどれほど思い入れがあるのか見抜いてくれたのだ。特に、寿司を愛する私の輝く瞳を見逃さなかったはずだ。だから手を貸そうと決めてくれた。私にこんな幸運が舞い込むなど信じられず、当時は偶然の一致だと思っていた。だが、その後も私は繰り返し色々な人から助けてもらった。そうしてさすがに、私に起きたことが偶然ではなく必然だったとわかったのだ。

富者には、自分の富を通路にし、他人に富の道を開こうとし、善行の影響力を伝えたい人が大勢いる。だが、個人的な欲だけが露わで、瞳に生気が感じられず、人生に対する意志がない人に、富のノウハウを教えることはない。お金だけを求める人には、むしろそれが毒になる可能性がある。分配されない富は金の亡者だけを育ててしまうと痛いほどわかっているからだ。

人間の欲望は、表情、言葉づかい、しぐさなど、どこかに必ず表れる。だから人生の真の成功を遂げる人々は、一目で人を見抜き、その人の道を開くかどうか決定する。

素晴らしい人に会い、運を呼び込みたければ、危機に対する姿勢と覚悟を改めることだ。危機に直面した時に思い描かれるあらゆるネガティブな思考を空にし、ただ自分が定めた目標に向かって邁進する。誰でも危機を乗り越え、最高の自分になるためには、〈ウェルシンキング（wealth［富］＋thinking［思考］）〉を自覚しなければならない。危機を機会に逆転させる呼び水は、富に対する考え〈ウェルシンキング（富の思考）〉だ。〈ウェルシンキング〉の真の力は、善行の影響力から生まれる。善意ある影響力に対する切実さが夢と出会い一つとなり、危機への姿勢と覚悟が改められる時、きっとあなたは優れた師匠やメンターに出会えることだろう。

成功者の共通習慣：〈7つの法則〉

ケリーデリを準備する2年の間、私は100冊の本を繰り返し読んで追体験した。ただ100冊を読破し実践することで終わりにするのではなく、著者の人生をまるごと身につけようと心に誓った。そのために、まず著者の思考を理解し、実行方法をそのまま辿った。よく理解できない部分は、数百回でも読み直し、失敗しても真似し続けた。すると少しずつ道が見え始めたのだ。私の考えと姿勢が変わっていくのを肌で感じることができた。

私が成功者たちの方法をそっくり身につけながら探しあてた〈7つの法則〉は、

〈ウェルシンキング〉の根を作る際、大きな助けとなった。最初は思うように身につかなかった。しかし努力し続けると、だんだん早く自分に取り入れられるようになった。

夢を叶えるための〈7つの法則〉を一言でまとめるならば、成功者たちの共通習慣だ。この習慣を自分の人生にあてはめられれば、誰でも成功に近づくことができるだろう。

法則①：目標は簡潔かつ明確にする

運転する時にナビゲーションシステムに目的地を入力するように、一文で言える程度の明確な目標が必要だ。正確な目的地を入力しなければ、ナビはきちんと作動しない。人生も同じだ。明確な目標とは、たとえばナビに目的地を入力し、自動走行させるようなものだ。自分の人生に信念を植え付けるということだ。

しかし、人々の目標は思ったよりぼやけていることが多い。「お金持ちになりたい」というのは目標にはならない。それは漠然とした夢にすぎない。

夢を叶えようとするなら、より明確な目標を定めないといけない。お金持ちになりたいなら、正確な目標金額を決める。たとえば、「100億ウォン（約10億円）を持つ富者になる」「寿司事業で1000億ウォン（約100億円）の事業体を築く」といった目標だ。

確固たる目標を繰り返し胸に刻めば、ある時からその目標が潜在意識に内在するようになる。それがまさに信念だ。人間の潜在意識は意識より3万倍ほど強力なパワーを持つ。10年前に交通事故に遭った人に催眠術をかけたところ、自分を轢いたオートバイの色はもちろん、運転手が被っていたヘルメットまですべて記憶していたという。

このように、潜在意識は人間が生まれてから、見て、感じたあらゆるものを正確に記憶している。意識的には決してできないことを、潜在意識では可能にする。だから成功のためには、まず明確な目標を潜在意識に刻みつけなければならないのだ。

法則②：目標達成のデッドラインを決める

私は幼い頃からいつも「お金持ちになる」と言っていた。もちろん漠然とした希望的観測だ。いつまでに実行するというデッドラインがあったわけではないから財を成すまで遠回りしてしまった。しかし、金持ちになるんだという情熱が強かったからこそ、どんどんそれに近づけたのだろう。

ケリーデリを始める時は、「人助けをすることで5年のうちに300億ウォン（30億円）の富者になる」という目標を立てた。5年というデッドラインを引き、目標達成するために最善を尽くした。すると結果的にデッドラインを遥かに前倒しして目標に到達することができた。

法則③：ゴールを具体的に想像する

5年というデッドラインを決めた後、5年後にどんな家に住み、どこにいて、どんな会社でどんな仕事をしているか、事細かに想像した。その頃には会社の従業員は何人くらいで、どんな人たちと仕事をしているかを頭に描いた。いわば〈視覚化〉の訓練だ。

本書の第2部において、より詳しく扱うテーマだが、大部分の成功者は、想像力に長けている。想像力によって〈視覚化〉されたものは抽象的な命題よりずっと楽に、素早く潜在意識に刻まれる。従って潜在意識の強力なパワーを発揮させたいなら、具体的な想像力が必要となるのだ。

法則④：〈アクションプラン〉を立てる

柿の木の下で、いくら口を開けていても、柿が口に入ってくる確率はほぼゼロに等しい。柿を食べたければ柿の木に登るか、柿を取れる長い棒を作らないといけない。これがまさに〈アクション〉だ。難しいことをしろと言っているのではない。手軽にできるほんの小さなことから探せばいい。

ダイエットしたければ、今日することと3つを決めて実践すればいい。最初から1日1キロ痩せようとしたり、運動を毎日2時間やろうという無理な目標設定は無用。夕食をいつもより10分早い時間に摂る、ご飯を一さじ減らす、いつもより5分だけ長く歩く。こんな簡単に実践できる目標を決めて守り続ければ、自然と自信もつく。

時折、ダイエットの計画を立てる時に、「何の運動をしようか？」と悩み始める人がいる。そうしている間に、とにかく外に出て、歩きながら、今後どんな運動をするのか考えよ。自分ができるもっとも楽なことからまず始めるといい。それがすぐに実践できる〈アクションプラン〉だ。それがクリアできたら、もう少し難易度を上げた

〈アクションプラン〉に挑戦し、実行に移せばいい。

人々はそれができるかできないかを悩み続けることが多く、時間だけが過ぎていく。小さな行動をとることで、その答えは出せるはずだ。だから、考えていないで即刻行動せよ。

法則⑤：悪い習慣3つを捨てる

私の悪い習慣は、お酒、消耗型の遊び、そしてパーティーだった（51ページ）。不必要に浪費される時間があまりにも多かった。お酒をやめ、パーティーを減らしてできた時間には読書をした。事業を始め、娘を育てながらも、暇を見つけては本を読むことができたのは、ひとえに悪い習慣を捨てられたからだ。

そうして確保した時間に読んだ本は、私の魂を育て、事業をさらに大きな目で見ることを可能にした。

法則⑥：目標を書いて貼る

目につく所々に夢（目標）をいつまでに叶えるんだという一文が記されていれば、それを見るたびに自分自身の夢とデッドラインを思い出し、潜在意識に目標が強力に内在されることになる。私は３００億という語をコンピュータのパスワードに設定した。トイレ、冷蔵庫、鏡、机、鏡台など、家のあちらこちらに「5年以内に３００億ウォンを手にする富者になる」と書いて貼った。

昨年、夫の誕生日までにダイエットを成功させるという目標を立てた時には、スマートフォンのパスワードを「５５０７０１」にした。55キロを、夫の誕生日7月1日までに達成するという決心だ。１日に数十回、パスワードを入れるたびに、自分がダイエット中だと思い起こさせられた。

法則⑦：夢（目標）を１００回声にする

叶えたい夢を文にし、１００回叫べば少なくとも10分程度かかる。切実に叶えたい夢があるなら、紙に100回書くこともあった。書くことは唱えるより時間を食う。それにもかかわらず、私がこんな子供じみた「夢を叫び」続けるのは、優先順位を明確にするためだった。またこれは、潜在意識に私の夢を刻印させることでもあった。潜在意識に刻まれた夢は、意識しない瞬間にも浮上してくる。存在意識が私の夢のために活動しているからだ。

そう。私が成功者の人生をまるごと真似て見つけ出した夢を叶える〈7つの法則〉は、単純で誰でもできるものばかりだ。しかし行動に移す人とそうでない人の人生には大きな違いが生まれる。私に成功の秘訣を問う人は大勢いるが、いつも〈7つの法則〉を教えている。実践しようかしまいか悩む時間に、とりあえず行動してみる人々は知っている。この単純なことが日々、自身の人生を驚くほど変化させるということを。

この〈7つの法則〉が目標達成の強力な根になってくれるという事実は、100日実践するだけでも、誰しも実感できる。世の中のあらゆる第一歩は、取るに足りないように見える。だが、最初の一歩を踏み出さなければ、何事も成すことはできない。私にアドバイスを求めた多くの人は、実際にこの方法で変化し、夢を叶えている。

真の富者が持つ3要素

数年前、「サンデー・タイムズ」の記者ブルース・ミラーにインタビューの依頼を受けた。

「サンデー・タイムズ」は1822年に創刊した英国を代表する新聞で、伝統と権威を兼ね備えるメディアだ。英国の世論形成に大きな影響を及ぼし、多くの人がインタビューされることを夢見る。このようなメディアからの取材依頼に少なからず驚かされたが、心を落ち着かせ尋ねた。

「インタビューの内容はどういったものでしょうか?」

「お伺いしたい内容は、女性起業家のサクセスストーリーです」

「申し訳ありませんが、個人的なサクセスストーリーについてのインタビューはお受けできません」

有名な新聞社のインタビューを、なぜ私は蹴ったのだろうか？　記事や放送に出ることは、ビジネスにとって非常に重要だと考えている。だからマーケティングに役立つなら、どんなことでも熱心に活動した。だが、会社の成長過程についてではなく、私が財を成したストーリーに関して訊かれる場合は回答しなかった。単純にお金を稼ぐストーリーは、会社や私に何のメリットも生まないからだ。むしろ順調に成長している会社に被害を与えかねないと判断した。

事業家はいつも口が固くあるべきだ。むやみに自分の話をしてはならない。自分の発する一言がどのように解釈されるかによって、会社の存亡が左右される。そうなれば、意図せずとも献身的な従業員らにまで被害が及んでしまうかもしれない。

しかし、記者のブルース・ミラーはこれが記者魂かと思えるほどに食い下がった。とうとう個人的な財産に関しては焦点を当てないという条件の下で、インタビューを受けることにした。インタビューは滞りなく進んだ。約束通り、記事に数字は一つたりとも記載されなかった。私がどれほど財産を手にしているのか、収入がどれほどあるかなどの個人的な話よりは、主に会社に関連したストーリーで構成された。

ケリーデリのヴィジョンと哲学、従業員らの貢献度や製品が作られる過程のみが報道された。特に、どれだけ徹底的に材料を選別し、衛生管理を重要視しているか、地球にやさしい経営マインドの本質とは何なのか、そのようなインタビュー内容だった。よくあるサクセスストーリー記事のように刺激的な要素はなくても、真心を語ることができた。このインタビューのおかげで、会社にとっても実質的な広告効果が見られた。

それからいくらも経たないうちに、またインタビューの依頼があった。私の英国での長者番付がさらに上昇したから、インタビューさせてほしいということだった。「サンデー・タイムズ英国長者番付２０２０」というタイトルの記事を確認してみると、私と夫ジェロームの名前が３４５位にあった。当時、英国のエリザベス女王が３７２位、サッカーのスター選手ベッカム夫婦が３５４位だった。新聞社側としては、私のストーリーが格好のネタだったようだ。しかし、私は原則に則り、迷わずお断りした。

米国の総合経済誌「フォーチュン」が毎年トップ５００の企業を選出し発表するよ

うに、「サンデー・タイムズ」は、毎年、英国の長者番付を作成し、特集記事を組んで報道する。英国で知られる資産家で、女性起業家は珍しい。アジア人女性ならなおさら希少だ。そのため幾度もインタビュー依頼があったのだ。ただ、お金を稼いだ話については慎重に慎重を重ね、何度でも断る意思を告げた。

そう考えると「サンデー・タイムズ」のブルース・ミラー記者は、しぶとさの代名詞だったのではないか。一般的に人々が気になる部分、お金をどれほど稼ぎ、どれほど豪華な家に住みながら、どれほど高級な車に乗っているのかということについてのインタビューを受けることはできないと明言し、もちろん家も公開できないときっぱり伝えたが、引き下がらなかった。そこで、ロンドンにある、我が社の寿司店でインタビューを受けることになった。インタビューでは、英国の長者番付が出した公式な数字以外、一切他の数字には言及されなかった。

最初は長者番付をもとにお金の話に始まるインタビューだったが、単に現在の成功にまつわる話で終わったわけではない。むしろ事業に失敗し10億ウォンという大きな借金を抱え、死を選びかけたところ、母のおかげで死なずに済んだこと、事業に再チャレンジした話、田舎で生まれ食べることにも苦労した時期についての回想、どれほどの困難と努力で事業を築いたのかについての話をした。このヒューマンストーリーが大いに共感を呼び、ケリーデリのイメージアップにも良い影響を与えた。

「富」＝「お金」ではない

私がこれほど富について語ることを慎重に考える理由は、あたかも「富」と「お金」を同じものと錯覚する人々がいるからだ。お金は富の一部であって全部ではない。真の意味での富とは、自分に入るお金を他者に漏れないように守ることではない。自分を通してお金を他者へと届ける全プロセス、善なる影響力の拡大のことだ。

そのような意味合いで、富者とは単に資産が多い人を意味するのではない。富者とは人を助けると決意し、社会的な貢献を実践し、人格的にも完成された人を指す。すなわち、財力と貢献力、そして人格までもが完成された時、ようやくその人を富者と言うことができるのだ。

私は極貧の幼少時代を過ごしたため、お金と成功が必ず幸福を運んでくれるものだと信じていた。だからいつでも高い場所へ登ろうと努力していた。トントン拍子のように見えるかもしれないが、パリで事業に失敗した時は、地獄にいるより苦痛の大きい日々を過ごした。その時でさえ、この考えを持ち続けていた。

また生きてみようと誓った瞬間、私は富の概念を誤って打ち立てていたから、失敗したのだと悟った。それ以降、財力、貢献、人格という3要素をすべて身につけるために不断の努力を厭わなかった。

富者の品格——財力、貢献、人格を持つ

単純に大金持ちの富豪ではなく、真の成功を収めた者たち、富者。彼らは喜んで自身の成功のノウハウを他人に伝えてくれる。彼らは金額が成功を決めるわけではないと知っている。お金によって自由になること（経済的自由）も、もちろん重要なことだ。しかし、その豊かさを家族や友人、隣の人々と分かち合うことができなければ、いくら大金持ちでも寂しいだけだ。ビル・ゲイツやウォーレン・バフェットのような世界的富豪は、このことをよく把握している。ゆえに、自身の財産を人類と地球のために惜しみなく差し出しているのだ。

過去の私は、お金を得ることに忙しく、結果的に事業の失敗を招いた。今の私は、お金をどう流すかを計画し実践した結果、想像もできない富を手にできたのだ。個人的な成功の前に、自分が属するコミュニティのために健康的で美味しい寿司を作り、移民や現地の人々に働き口を提供することを最優先に掲げた。世界最高の寿司を作り、人々に必ず貢献しようという心意気。それが陽の光となり、私の前途を明るく照らしてくれたと信じている。

人類は進化と発展を繰り返してきた。何より、他者を助けるために富を築こうとする人々の意志で発展し続けてきた。もしも他者ではなく自分だけのために富を集める人たちがうじゃうじゃしていたら、人類はこんなに発展できなかっただろう。

全宇宙のエネルギーは、他者のために富を築こうとする人々に向けられている。だから、富を掴み取りたいという目的が他者へ向けられているならば、あなたは間違いなく富者になれる。しかし、差し当たって自分の懐を暖めたいだけで、他者にはお金を流さず、手助けもしないようなら、あなたはあきらめたほうがいい。いつか必ず崩れ落ちるに決まっているからだ。

それゆえ、
真なる富の概念をしっかり打ち立て
望む場所へと歩み出してほしい。

本気を見せる人になれ！

今ではオフィスを持たない会社が変な目で見られることはなくなった。しかし、ケリーデリ開業時は、まだ疑わしい変な会社だという偏見を持たれることが多かった。きちんとしたオフィスを構えていても、5つ星のホテルで投資誘致の事業説明会を行うケースも珍しくなかった時代だからだ。

創業初期、我々には顧客や協力業者と話をするオフィスがなかった。従業員数に見合うこぢんまりとしたスペースを借りて使用していた。固定費を支払うお金が惜しかった。そもそも会社は現場中心だったので、広いスペースは必要なかった。

私はケリーデリがきっと成功するだろうと信じていたし、加盟店の店主たちを説得する自信もあった。だが、自慢できるオフィスもなく現場に店舗もない状況で、信頼を勝ち得ることは並大抵ではなかった。それでも我々を信じ、協働しようとする人々もいた。我々のヴィジョンを信頼してくれたのだ。その後、ヨーロッパ各国で新しい店舗を出す時にも、無理に大きなオフィスを構えることはなかった。

初めはまともなオフィスがなく心理的に多少気後れしたが、デメリットよりメリットのほうがずっと多いことを知り、方針を維持した。我々の事業がよく知られていなかった頃は、懐疑的に見る人が多かったが、今ではむしろ固定費を倹約し、その分を従業員と店主に回してくれる会社だと、ポジティブに見られることが増えた。

あなたはきっと加盟店費を返してくれるはず

美味しい食事の楽しみを伝えたいという有志が幾人かが集まり、とうとう2010年8月、リヨンでケリーデリ1号店をオープンさせた。ずばり初日から大盛況だった。我々が入店したフランス最大の大型スーパーC社には、時期尚早ではないかと憂慮されたが、10日経ち、1ヶ月経過しても客足は衰えなかった。寿司を握ると、陳列する暇もなく売れた。客は長時間待たされてもイライラするどころか、ショーさながらの寿司の実演に興味津々見入っていた。おかげで2号店もC社パリ支店のあるメイン通りでオープンすることになった。

支店は増え続けた。儲けているという噂が立ち、中国人たちが現金を持って訪ねて来た。加盟店費は国や都市によって異なるが、大抵1~7万ユーロ程度だった。私は加盟店を任せてほしいと鞄いっぱいの札束を抱えて来た中国人を、何の気なしに経理課へ送った。するとすぐさま夫が私の元へ駆け込んできた。

「ケリー、現金で2千ユーロを超えたら出所を必ず申告しないといけない。明らかに申告していないお金だぞ」

ジェロームの言葉は正しかった。中国人の中には、タバコやテレフォンカード、ロトなどを現金でやり取りする商売をする人が大勢いた。ほとんどが収益をまともに申告せず、問題になっていた。現金を受け取れないと言うと、中国人はどうか受け取ってくれ、現金しかない、どうか加盟店を任せてほしいと懇願した。私と夫は、しばらく悩んだ。見知らぬ土地に来て、やっとのことでお金を稼いできたのだろう。タバコを売るだけでは決して大金を稼ぐことはできないはずだった。粗末な身なりを見ると、今までどれほど身を粉にして働いて生きてきたのか、訊かずとも窺い知れた。我々は機転を利かせ、逆に提案した。

「現金は受け取らないことにします。これを受け取ると、どこでどうやって得たお金なのか申告しなければならず、そうするとあなたにとっても不利益が生じてしまうのでは？」

その人はありありと落胆の様子を示した。

「一緒にやりましょう。ですが、お金は加盟店をオープンして稼いだら返してくださいね」

その人は意味がわからないといった表情でぽかんとし、目だけをぱちくりさせていた。

「ケリーデリはきっと成功を遂げますよ。だから加盟店でお金を稼いで加盟店費を捻出してください」

「そんなふうにしてもいいんですか？」

「はい。大丈夫です。必ず成功しますし、あなたはきっと加盟店費を返してくれるはずですから」

社員みんなで成功する会社にしよう

感激して去って行ったその人は無論成功し、数ヶ月後に加盟店費を全額返済できた。その後この噂が広がり、加盟店を出したいという人が何百人も列をなして待機するようになった。私はその後も幾度かお金を受け取らずに加盟店を先に出したのだが、みんな先の中国人のように、現金を持って来た人々だった。

一方で、一銭も持たずに現れ、加盟店を許可してくれたら稼いで返すという人たちもいた。しかし私はそういう人々は信用しなかった。現金をかき集めて来た人々とは心意気が異なったからだ。何かを賭けることもなく、口先だけで約束する人々は、往々にして約束を守らない。だが、現金を持参した人々は、現金が問題になり得るという知識が欠けていたにすぎない。タダでお店をもらおうなどという気持ちはなかった。そのような人々は必ず約束を守ると私は知っていた。

長年、異国で寂しく孤軍奮闘してきたに違いない彼らにも、成功するチャンスを提供したかった。私の誠意を感謝して受け取り、最善を尽くしてくれた従業員らは、ケリーデリ創成期から今に至るまで、家族同然にビジネスを共にしている。

私は自分の成功だけのために、ケリーデリを作ったわけではない。それに私はもう十分幸せになったので、協働する人がみんな自分のように幸せになってくれることを願った。そのような気持ちがあったからこそ、ケリーデリにチャンスをくれたC社のためなら、嫌な仕事であっても買って出たし、出店費を後払いにしてあげられたのだと思う。また、このような私が掲げるヴィジョンをC社と山本先生、そして数百名の加盟店長や従業員と共有できたから一丸となって前進できたのだ。

お金を稼ぐ以上のヴィジョン：貧者と富者を分けるもの

私には資金がないせいで失敗した経験がある。だから再び事業を始める時は、決して潰れない会社を創ろうと決めた。１００年続く会社を創ろうとするなら、単純にお金を稼ぐ以上のヴィジョンが必要だ。そのヴィジョンを叶える根が、まさに私が失敗したことで悟った〈ウェルシンキング〉だった。

事業家は、お金を稼がなければならない。稼げなければ事業家は罪人だ。事業家がお金を稼げなければ、従業員とその家族までが路頭に迷う。会社が潰れ罪人になったことも確かにある。二度と罪人にはなりたくない。だから必ず稼がないといけない。ただし、私が稼ぐ目的は単に裕福になることではない。

私は〈ウェルシンキング〉が貧者と富者を分ける決定的な要因だと信じている。先に富者の資質と条件について説明しながら、財力と貢献、そして人格が必要不可欠だと言った。富者がそうであるように、貧者もただお金がない人を指すのではない。貢献心や人格を備えられずにいる人が貧者だ。今は金銭的に厳しい状況を余儀なくされていても、貢献心と人格を備えるのであれば、その人は富者に近い。

貧者と富者の思考回路には大差がある。パッと見ただけでもどんな成果を出すのか、一発で予想できる。たとえお金はなくても、誠実で人間味に溢れる人は当然「人を助けたい」と思う。そのような人は、きっとチャンスを掴める。

今、私が韓国で稼ぐお金のうち、印税や講演の謝礼などは全額寄付している。あなたが読んでいるこの本の印税も助けが必要な場所に全額寄付される。ヨーロッパに1000店舗以上を持つケリーデリの、Win-Win-Win（スーパー―店長―ケリーデリ）というヴィジョンを変わらず貫いている。共生しようというヴィジョン、それがケリーデリを成長させた最大の原動力であり、成功法則だったと自負する。

創業5年で一線から退いた結果

2010年8月にケリーデリ事業を始めて5年。想像を超越する資産家になった。この非の打ち所のない瞬間に、私と夫は自ら、グループ経営の一線から退いた。我々夫婦が経営から手を引いたのは、夫の生涯の夢だったヨットクルーズのためだ。1年間従業員に会社を任せ、ヨットで旅に出ると言い出した時、周囲は我々を引き止めた。なぜ、順調に成長している会社をもっと大きくしようとしないのかと。

初めて夫ジェロームの言葉を聞いた時、私の反応もまた同じだった。何の不足もなく勤めていたグローバル企業を辞職し、私と一緒に事業を起こしたジェローム。ある日、私の目をまっすぐに見ながら言った。

「ケリー、僕はさ、家族と大西洋横断するのが小さい頃からの夢だったんだ」

その言葉を聞き流した。

「そうね。いつか、定年退職したら行きましょう。一緒に行ければ本当に素敵ね」

するとジェロームは真顔になり、再びしっかりとした口調で言った。

「ケリー。よく聞いてくれ。僕は今、行きたいんだ」

「あなた正気なの？　1週間働き詰めても足りないっていう時に、何を言ってるの？」

「ケリー。これ以上年を取ったら辛くなるよ。帆を手動で上げ下げしないといけないのに、年を取ったらできない。お金を稼ぐことはいつだってできるだろ？　だからまずよく調べて可能性を十分検討した上で、行くか行かないか決めようよ。一緒に調べたら、納得できる選択ができるはずさ。それにヨットを注文したら、完成まで2年はかかる。その間に従業員たちを鍛えればいいんじゃないか？」


長年の夢だったから理解できなくもないが、ジェロームの説得にもかかわらず、私は不可能だと思っていた。この先2年間準備するとしても、創業5年でオーナーが手を引くなど聞いたことがない。中途半端になりかねない。「ノン！」と断固として叫ぼうとした瞬間、ふと母の言葉を思い出した。私が16歳の時、服の入った風呂敷一つだけ抱えてソウルのワイシャツ工場へ向かってから結婚前まで、母は口を開けば、こう言っていた。

「男性はみんな泥棒よ。絶対男性を信じちゃだめ」

ところが、そう言っていた母がジェロームを見るなりこう言った。

「ジェロームの言うことをよく聞きなさい。ジェロームが何かをしようと言うなら、何がなんでも彼の言う通りにしなさい」

ジェロームは今も韓国語がつたないが、結婚した頃は一言も話せなかった。だからジェロームと母の間に何か言葉が交わされたわけではない。しかし母はジェロームに全幅の信頼を寄せていた。なぜなのかは今も謎だ。ただ無条件にジェロームが言うことに従えと言われたのだ。

実のところ、最後の最後まで決断を渋ったのは、娘の学校の問題が絡んでいたからだ。予定していた旅行時期は、ちょうど娘の入学時期と重なった。学校生活を始めることもできぬままクルーズに出れば、幼い頃の私のように、勉強に集中できないのではと心配が先立った。だから夫に、娘の教育のためにも世界旅行に出るのは無理だと伝えたのだ。ところがある時から、むしろ学校で教わらないことを、ずっと多く学べる機会なのではないかと考えるようになった。

結局は母の言う通り、私はジェロームの言うことに従う決断をした。ジェロームと一緒に様々なセーリングヨットフェアやセミナーに参加しつつ勉強を始めた。セーリングヨットを注文してから完成まで、ヨット操縦に関する色々な教育も受けた。さらに会社に出勤しては、社員教育のために様々なカリキュラムを研究し、試行錯誤を重ねた。

しかし旅立つ瞬間になっても、会社がうまく回るという確信は持てなかった。2年かけて万全の準備を整えてはいたが、私は海の上で身の安全が確保できるかも不安だった。心配のあまり、ジェロームに一つ条件をつけた。「もし私が帰ろうと言った時は、無条件で帰ること」と。ジェロームは覚書を書いた。幸いにも1年間、不幸なことは起こらなかった。そして我々がいなくても、会社は成長し続けた。ささいな問題が全くなかったわけではないが、その過程を経て従業員らは成長することができたし、損害も大きくはなかった。

手放したことで得たもの

ヨットクルーズを終えて戻った時、もう以前の私ではないという感覚を抱いた。何より富に関する新たな気づきを得られ、世間ががらっと変わって見えた。真の富は、財産の多さではないという気づきだ。ヨットクルーズに出ていなければ、以前のように一週間ずっと仕事だけをして、我々の財産をわずかばかり増やせていたかもしれない。しかし家族間の固い絆、従業員と人々の揺るがない信頼は得ることができなかっただろう。

クルーズ前にかなり気を揉んだ娘の教育も、まったく問題がなかった。航海しない日は、夫がフランスの学校から取り寄せた教科書で娘に勉強を教えた。娘が韓国語を遊びながら楽しく学べるように、私は毎日読み書きを教えた。その結果、旅行中に五感で学べたことが功を奏したこともあるか、娘は豊かな思考力と創造力、そしてしっかりした語彙力を持つようになった。

2019年、私とジェロームは経営者の座から完全に降りた。コロナでヨーロッパはロックダウンの危機に陥ったが、我々の会社は幸い大きな打撃を被らなかった。私がいなくても会社は依然として成長していた。今は、会社の理事として働きながら、新たな事業コンセプトとアイテムを提示し、外部でもいくつかの会社を立ち上げながらCEOのコーチングをしている。直接経営に関わる時と比べると、数十、数百倍の時間的自由を手に入れた。40を超える会社を間接的に運営しながら、余裕ある時間をもっぱら夫と娘、母、きょうだい、そして友人らと過ごしている。

大西洋横断は、新たな人生の航路を切り拓く決定的な足がかりとなった。生涯お金だけを追い求めていたら知りようがなかった、人間として送りたいいちばん本質的な人生。クルーズ後はそういう人生を歩んでいる。

その本質とは、仲間であり分かち合いだ。韓国の若い世代に私のノウハウを伝授するために、精一杯多様な活動を行っている。時が流れるにつれ、若い世代をより深く理解し、愛するようになった。おかげで周辺にも段々と善い人が増えている。

以前ならばお金を稼ぐために投資していた時間を使って、今ではインスタグラムやオンライン・オフラインの講演などを通し、数多くの人とやりとりしている。その過程で、誰かにとってはどうしても必要な助けを与えたり、また誰かからはどうしても必要な助けを受けたりもする。

経営者時代は、我々の会社と、会社関連の6千人にだけ影響を与えていた。だが、今は、数十万人に影響を与えている。

富者への引け目を捨てよ!

私は人々に富を築くノウハウを伝授している。その過程で、どういう理由からかお金を悪の根源のように見なす人が多いことを知った。「お金じゃないもののほうが重要」という言葉を初めて聞いた時は、物質的な生活を避け、上を目指すための道徳的な処世術のことだと思った。しかしそのうちに、それは富者に対するルサンチマンによって起こる態度だと気づいた。

ルサンチマンとは、弱者が強者に抱く憎しみ、復讐心、激情、嫉妬、怒りが入り混じった感情だ。ドイツの哲学者ニーチェが提唱した概念で、実際は私がここで簡単に定義したものより、はるかに幅広い意味を持っている。

弱者が強者に抱く猜疑心、これに対する考えを少しだけ変えれば、新たな視点を持つことで世界を見ることができる。では、弱者は強者になるのが嫌なのだろうか？弱者はずっと弱者であり続けたいのだろうか？　そんなことはない。猜疑心の根底には貪欲が潜んでいるのだ。

「お金より幸福が重要」「お金より健康が重要」「お金より家族が重要」というように、お金より何がより大切かを説く文字や言葉に接するたび、私は危うい感覚に陥る。人生はいくつかの要素が均衡する時、ようやく安心感を抱くことができるからだ。お金が多いだけでは幸せとは言えず、家族円満だからといって懸念がないわけではない。幸せ、健康、家族、お金などのあらゆる要素をまんべんなく手にすべきなのだ。ゆえに、お金も他の要素と同じように重要なのだ。

富者に対するルサンチマンとは

あなたにも富者に対するルサンチマンがあるだろうか。お金が多い人はなんだか貪欲で、性的に乱れているようで、法の枠外で社会を嘲笑していると思っていないか。

特別な理由もなく富者に対する理不尽な不快さを抱いていないか。それを問うているのだ。ルサンチマンがないなら幸いだが、もしあったとしても構わない。感情は一種の刷り込みだから、努力で十分に改善できる。

では、富者に対する否定的な見方はどのように形成されるのか？　意外と単純だ。驚くことに、我々はドラマ、映画、音楽、ニュースなどを通して非常に多くのことを学習している。多様なメディアで接する金持ちのネガティブなイメージが刷り込まれた瞬間、あたかもお金を悪の根源かのように思い込む。周囲に大企業を成した富者がおらず、実際の見本がいないから、鵜呑みにしてしまう。しかし、本当に不可思議な点は、そのように刷り込まれた状態であっても、多くの人が富を築きたいと思っているという事実だ。

富に対する考えを知るための2つの質問

富を望むなら、富者とお金についての歪んだ考えを払拭しないといけない。実際、あなたも富を手に入れたいと思っているのでは？　内心、富を成せるのであれば、他に願い事はないとすら思っていないか？

これを機に経済的自由を享受するんだと決心したいなら、ペンと紙を準備して、次の2つの質問に正直に答えよ。

- 問1：あなたにとって富者とは何か？
- 問2：あなたにとってお金とは何か？

あなたが書いた内容を、もう一度よく見よ。金持ちとお金に対してどのような感情を抱いているか。幼い頃、お金にまつわるどんな話を聞いて育ったのか。誰がそのイメージを植え付けたのか。あなたから見てケリー・チェは金の亡者に見えるか。

私自身も、金持ちとお金についてネガティブに考えたことがあった。だが、〈ウェルシンキング〉を通して、その偏見から解放された。

問1：あなたにとって富者とは何か？（ケリーの回答）

優しい人、人助けができる人、愛することを知り、かつ愛される人、尊敬される人、寛容な人、懸命に生きてきた人、友人になりたい人、周囲に目配りができる人、知恵のある人、人を救える人、自分に決定権がある人、社会的利益のために率先する人、動物を愛する人、環境を保護する人……。

問2：あなたにとってお金とは何か？（ケリーの回答）

多くあるべきもの、人助けの手段、あれば便利なもの、大抵の解決策、必ず持つべきもの、努力の結果、分け与えられるもの、やりがいの象徴、病気を治してくれるもの、余裕、母にあげたいもの……。

金持ちとお金についての私の見解だ。ネガティブな考えは、これっぽっちもない。私の潜在意識の中に溢れていた金持ちやお金へのポジティブな考えが、今いる場所にまで私を導いた。万が一、お金持ちとお金を、罵倒し、呪い、蔑視する人間だったら、今のケリー・チェは存在しなかっただろう。

前向きな自己暗示と〈宣言〉でマインドを変える

私は〈ウェルシンキング〉で、お金の持つポジティブな価値の数々を潜在意識の中に投影した。「お金を稼ぐことは、容易くおもしろい」「お金は優しく、幸福をもたらす」「お金は無限だ」と、繰り返した。お金は限られているから分け与えるべきであり、自分が持っていれば、他人の分まで奪ってしまうと考える人がいる。これは、誤りだ。お金持ちは、お金を無限だと捉える。実際その通りだ。

「金持ちだ」「資産が多い」というのは、単なる結果にすぎない。結果には必ず原因がある。原因の本質は考え方だ。私は富者になるために考えを改め、〈ウェルシンキング〉を始めたのだ。

思考が感情を呼び、感情が行動を呼び、行動が結果を呼び起こすという事実を忘れてはならない。金持ちは、詐欺師、強欲の塊、パワハラをする人、悪人、ではない。そのように行動する人たちもいるというだけだ。健康や愛、幸福のように富も重要で、必ずや手に入れるべきものだ。潜在意識のうちに隠れている、金持ちやお金に対する悪い認識をすべて打ち消せ。

このようにアファメーション（前向きな自己暗示）をしても内面のネガティブな要素の数々が鎮まらないようなら、〈宣言〉することを勧める。〈宣言〉は自分がまず言葉にしてから実践することだ。一方でアファメーションとはすでに思っていることを念じることだ。

たとえば、「私は億万長者の思考パワーを持っている」とアファメーションを行えば、「嘘をつくな。お前が億万長者なものか」と言われるかもしれない。しかし、自分はまだそうではないが、やり遂げられると〈宣言〉するのだ。富を創造する〈ウェルシンキング〉の力が潜在意識にしっかり根を下ろすように、精進せよ。一片のネガティブ思考も許さず、どこまでもポジティブマインドで〈宣言〉せよ。

〈宣言〉する時には、まるでそうなりつつあるかのように想像しながら、五感で感じる。その瞬間、幸福感が溢れ出ることを感じなければならない。この〈宣言〉の言葉を毎日、1日に何回か朗読することを勧める。100日続けるだけでもあなたのキャッシュ・フローは非常に改善されるはずだ。お金に対する内面的態度が変わり、言動に変化が表れるからだ。


富者になりたいと思いながらも、まだ、お金持ちとお金を恨めしく思っているだろうか？　それでもいい。あなたは出発点にいる。富者には富者の美談がよく聞こえてくるものだ。コロナのせいで売り上げが減ったが、社員のために月給を上げたという話、家賃を下げてあげたという話、被害者に寄付したという話など、富者の善行は枚挙に暇がない。
このような話を聞いても、内面では富者に対してのネガティブな思考を拭えないなら、あなたが富者になるのは難しいだろう。あなたの潜在意識が、富者になれないよう、あなたにしがみついているからだ。真の富を望むなら、これ以上、富を敵対視するのをやめよ。

直ちに
富に対する邪悪な考えを捨て
お金を思う気持ちで〈ウェルシンキング〉をせよ。

富者の宣言文

私は富によって自分が望む
最高のものを享受するだろう。

私は富によって自分が愛する
すべての人を助けるだろう。

私は自分に訪れる莫大な財産と豊かさを
いくらでも受け入れるだろう。

私は今すぐに大きな幸運と
良いチャンスに恵まれる準備が整っている。

私が貯蓄するすべてのお金は、自分に
もっと大きな富と豊かさを運んでくれるだろう。

私が使うすべてのお金も、もっと大きな富と
豊かさとなってまた自分に戻ってくるだろう。

私はお金を愛し、

きっと富者になるだろう。

私の純資産は複利成長し、
指数関数的に増えるだろう。

様々な方法を通じて収入が
増えていくことに幸せを感じ、感謝する。

私は富者の思考パワーを持っている。

お金は、私が望む
すべての善なる夢を叶えるべく助けてくれる。

私の人生はあらゆる面で豊かであり、余裕がある。

私は精神的にも肉体的にも健康な富者だ。

お金を働かせるシステムを作れ！

あなたを富者にするのは収入ではない。仮に1ヶ月200万ウォン（約20万円）の月給を手にする人がいるとしよう。この人は200万ウォンに見合う生活パターンで、家計をやりくりするだろう。食費に光熱費、貯金や保険、自己啓発費など。そして200万ウォンという収入に合わせた生活をしなければ、すぐにでも困窮してしまう。ほとんどの人はこんな生活を乗り越え、金銭的に余裕のある人生を生きようと、もっと多くの収入を望むようになる。しかし残念ながら、より多くの収入を得ようとして富者になれるのではない。

この人が時間の流れに乗って300万ウォン、500万ウォン、そして1000万ウォンの月給を得るようになるとしても同じだという意味だ。月給が上がれば、それ相応の生活パターンをとることになるはずだ。今後上がる給料に期待感まで寄せ、消費がもっと増える可能性も濃厚だ。つまり、富者になるということは、収入ではなく消費習慣にかかっているのだ。

多く稼げば、多く使うという罠

歴史上、お金は一瞬でも人間の関心外に置かれたことはない。はるか昔でも余剰産物が物々交換の形態で貨幣として使用されていた。今はどうか。ビットコインという新たなデジタル通貨の登場と株に対する絶大な関心、さらに金にダイヤモンドまで、人類の歴史はお金の歴史だと言っても過言ではない。ただし、お金に対する関心は、どうしたことか「収入」にだけ焦点が合わせられるようだ。

実際、富者なのかそうでないのかは、意外なことに、お金を多く稼ぐかどうかとは無関係だ。その理由は明らかである。お金を多く稼げば、多く使うからだ。本当の富者かどうかを見分けるためには、お金を使って、残った純資産がどれほどあるかを見ないといけない。

私は月に一度、純資産がどれほどあるか計算する。資産が減っているのか増えているのかを客観的につまびらかにし、消費と支出をコントロールするのだ。純粋な現金と今すぐ現金化できる資産がどれほどあるのか、会社の運営資金を除いた財産と、収入と支出の差異を計算する。

そのような意味で、支出をコントロールすることは、富者になるための関門だと捉えられる。高級車を乗り回し、ブランドの服で着飾り富者のように見える人たちも、実のところ財産はそれほどでもないケースが多い。彼らは生活を維持するために、もっと働くしかない。

もっとも重要なことは、貯蓄してシードマネーを作り、お金を増やす価値のあるものに投資することだ。目先の欲求を満たすため、むやみに消費してはいけない。

また消費自体が経済力と財産だと勘違いしてはいけない。ほとんどの物は買った瞬間に価値が下落する。その事実を消費する前にいつも念頭に置く必要がある。

お金を働かせるためのシステム

ある人が自らの労働で稼げるお金には限界がある。我々が富と呼ぶほどの財力は、大抵お金を稼げるシステムを構築した上でなければ可能ではない。私がお金のために働くのではなく、お金が私のために働くのだ。ゆえに、富のシステムを構築したいなら、消費をコントロールし、節約しなければならない。雪だるまを作る時、いったん雪を固めないといけないように、富を築く時は、いったんまとまった資金を作らないといけない。そうすれば転がして大きく育てることができる。これは〈ウェルシンキング〉のもっとも根本的な考えだ。

- あなたは収入の何パーセントを貯蓄しているか？
- どのような投資の勉強をしているか？
- あなたの夢のためのシードマネーはどれくらいか？

この問いにすぐさま答えられるなら、あなたは準備が整った人だ。成功は時間の問題だ。反対に、今はしどろもどろの人は、それでも構わない。目下、準備ができていない状態をそのまま認め、改めて徹底的に計画を立て、行動に移せばいいだけだ。

事業を起こす4つの心得

特別な才能がない人が多くのお金を得る方法があるとしたら、それは起業だ。私の前著『パリでお弁当を売る女』（未邦訳）を読んだ人ならば、お金も人脈もない人でも事業を始められるということがおわかりだろう。事業アイテムの選定の仕方とメンターを探して学ぶ方法、顧客を引き入れ社長不在でも成長する会社の作り方まで、すべてのノウハウを網羅している。ただ、戦略的に始めるためにはしっかりした準備が必要不可欠だ。

ある調査によれば、86％の自営業者が10年以内に廃業するという。それほど事業は確実に危険を伴い、忍耐力が求められる。だが、一度ブレイクすれば、その見返りは計り知れない。ただし、無闇やたらと乗り出すわけにはいかないものでもある。だから、あなたには、今、携わっている仕事でトップに立つようアドバイスしたい。

自分が携わっている仕事に精通した者は、多様な方法で事業をする機会が生じるものだ。たとえば普段、家事の仕事で多くの時間を割く主婦たちは、家事を素早く片付けようと大忙しだ。そういう人がユーチューブの家事関連コンテンツを見ると、どんな気分になるだろうか？　ユーチューバーの見事な整理整頓や掃除のアイディア術を目にして、自ずと拍手をしているだろうか？　あるいは、自分だって十分にできることなのに、出遅れたと悔しがるだろうか？

誰でもできる家事をコンテンツ化した動画は、日常から事業への転換だ。言うまでもなく、生活コンテンツを制作するクリエイターらの心理の根底には、「この仕事を最高にできるのは私」または「私だけが知る秘訣がある」という確信がある。家事をどう効果的にうまくできるか悩んだ結果がその人を最高に導いたのだ。自分の分野に精通した人には、幾度となく起業する機会が訪れ、起業せずにはいられなくなる。

〈ウェルシンキング〉を通じ、事業を起こしお金を稼ぐシステムを構築したいなら、4つの心得を肝に銘じる必要がある。

1　あなたを金持ちにするものは、収入でなく支出次第である。

2　何かに挑戦できるシードマネーを作ることに集中する。

3 多くのお金を稼ぐことができる方法としては、起業あるいは、事業家への投資がある。

4 そのためには、まず今の自分が携わる分野に精通する。

真の富を成すための〈ウェルシンキング〉を語りながら、私は豊かな思考がいかに重要か、強調し続けてきた。善行により影響力を与える富者になろうとする思考は、行動をリードするもっとも本質的な活力だ。これはすなわち、思考が行動につながるということだ。もしも今、あなたの頭の中で、すぐにでも行動に移したいという情熱が溢れ出るなら、あなたはすでに成功の火種を得たも同然だ。

火種さえ一つあれば
我々はまた立ち上がることができ、
何事をもやり遂げられる。

お金に選ばれる人になれ！

富も一種のパターンだ。簡単に言えば、お金を稼ぐ方法も一種の反復と熟達だ。その方法さえ知れば、誰でも富者になることができる。当然、あなたの心にはこんな疑問が浮かぶはずだ。

「それならば、なぜ人によって金持ちだったり貧しかったりするんですか？」

とてもいい疑問だ。富を築くパターンがあっても、富者と貧者に分かれる理由はたった一つ。富を得ようとする姿勢だ。富者は富を得るためのプロセスで生じるあらゆることを受け入れようとする。良いことがあれば謙虚に受け取り、悪いことがあれば一刻も早く自分の態度を改める。何より楽をして富を得ようとはしない。

一攫千金の幸運を夢見る人に、お金はついてこない。仮についてきたとしても、程なくして逃げられる。なぜなら、富を得る態度が誠実さに欠けるからだ。お金はそんな人をすぐに見抜く。お金も自分の居場所をよく心得ているため、自分が正当に使われるべき場所を探し求める。自分の使い道が正しい人に、喜んで自分を差し出すのだ。ゆえに私は、富者になる人は一攫千金を狙う人たちではなく特別にいると信じている。

多くの人は富者を夢見るが、いざとなると富者のように考えて行動しない。富者はお金に関して明確な哲学と目的を持っている。お金を生存のためだけのツールとは見ていない。お金に対するマクロ的かつミクロ的な視点をあらゆる角度から考慮するだけでなく、なぜ富者にならなければいけないのか、自分なりの理由を持っているのだ。

富者になることは、砂利道を歩くのと同じだ。お金に対する哲学と目的なしに、行き当たりばったりで金儲けだけしようとすれば、いつでも足を取られて転んでしまう。従って、お金に関して熟考する必要がある。とはいえ、お金を稼ぐべき瞬間が到来したら、思考をいったん停止し、すぐに行動に移さなければならない。

お金が人を選んでいる

ドイツの資産管理の専門家でありライフコーチのイヴォンネ・ゼンは『お金の感情』（未邦訳）という著書で、お金への態度について意味のあるメッセージを残した。彼女は億万長者からアルバイトに至るまで、数万人の財政状況と人生の根本的な問題点を解決してきた。お金が潤沢にあってもいつも不安な人、一生懸命働いてもお金が貯まらない人、お金を使っても楽しいと思えない人、富者に嫉妬する人などに、様々なカウンセリングをしながら、彼女が導き出した結論は、まさにこうだ。

「お金に接する態度が人生を決定づける」

彼女は「富はお金をいちばん尊いものと考える人に流れる」と強調しながら、お金との関係をうまく築くべきだとする。お金を一人の人間に見立て、恋人に接するように愛さなければならないと言う。たとえば、収入の10％を投資すると決めたら、必ずその約束を守ることで、お金への信義を貫く。特定の消費を楽しいと思えないなら、その行動をすぐにやめることで、お金との良好な感情を維持する。

イヴォンネ・ゼンのお金に対する姿勢は、私が〈ウェルシンキング〉で強調した内容と一致する部分がある。お金の立場から見ると、自分をタダで得ようとする者と、誠実に近づいてくる者のうち、どちらに心の扉を開くのか。後者を選択するのは間違いない。自分を単に生存ツール程度に捉える者と、価値を見出してくれる者では、どちらを選ぶか。今回も後者に心を開くはずだ。どうだろう、あなたもこれで富者になる人は特別にいるという事実に同意できるだろうか？

結論を言えば、我々がお金を選択するのではない。お金が富者になる人を決めるのだ。お金は人生で大切なもの。お金との関係を成立させられなければ、お金のせいで生まれるストレスから自由になれない。自分には手に入らないからと催促し、無分別な消費をし、感情に任せて好き勝手に罵倒し指弾するなら、そんなあなたを果たしてお金が選択するだろうか。

20世紀、女性ファッションの革新をリードしたフランスのデザイナー、ガブリエル・シャネルはお金についてこう語っている。

「世の中にはお金がある人と富者がいる」

〈ウェルシンキング〉を実践するあなたの目的が、単にお金にだけあってはならない。あなたの究極の目的は、「持続的に成長する幸福な富者になること」という事実を肝に銘じよ。

あなたはなぜ富者になりたいのか、明確に知る必要がある。内面の根底にある空虚感を満たせないお金持ちになっても、幸せにはなれない。お金を稼ぎたい理由がいくつかあるかもしれない。だが、1000人以上の自力で成功した富者を研究し、実際に会い、悟ったことがある。成長が止まれば、幸福ではないということだ。お金もあり、着実に成長できる時に、幸福になれるのだということを、決して忘れるな。善行の影響力をもって貢献することで、長きにわたり幸福を維持できるのだ。

富を築くためのメンタルは鍛えられる

富の習慣を身につけるために必要な要素の一つが、強靭なメンタルだ。なんとしてでも富を築くぞ、という熱い意志があるなら、その意志を保ち続けるメンタルも欠かせない。自称「ガラスのメンタル」で、どんなことも継続が困難だと感じる人は多い。

だが、メンタルは決して生まれつきのものではない。メンタルとは、人生に与えられたミッションを一つずつ解決しながら、強化させるものだ。「メンタルトレーニング」があるように、メンタルは徹底的な訓練によって強化される。

私はタグのように付いて回った子供時代の貧しさと難読症による学習障害、事業の失敗などにより、辛い時期を過ごした。何事もできず、何かができるだろうと信じてすらいなかった。しかし、再起するためには、自分を苦しめた経験を引っ張り出して向き合う必要があった。私は辛い時期にメンタルトレーニングをしたが、今ではあの頃、自分が抱いていた感情を思い出すこともできない。

〈ウェルシンキング〉を通し、困難を克服したというプラスの感情だけが残り、現在は言葉で表せないほど感無量の思いだ。〈ウェルシンキング〉によるメンタル強化の思考習慣を紹介したい。

思考習慣①：誰かのせいにせず、自分の目標に集中せよ

誰かのせいにするなら、他人のせいではなく、自分のせいにせよ。そうすれば失敗から学び、それを成長のチャンスと思うことができる。時々、「人のせいではなく自分

のせいである」という言葉の意味を誤解し、自責の念に駆られる人がいる。ここで言う自分のせいとは、自分を叱責するという意味ではない。すでに起きてしまった失敗やミスを謙虚に受け止め、問題解決に集中するということだ。

強いメンタルの持ち主のように見える富者らも、あなたと何ら変わらない。富者も禁煙に失敗し、甘いものと塩分をやめられない。それだけではない。目標に向かって負債を抱えることもあれば、失言で取り返しのつかない状況に陥ることもある。富者らもあなたと同様、後悔し挫折する。しかし、彼らがあなたと違う点は、あなたより少し早く立ち直れることだ。失敗に焦点を絞らず、進むべき道に目を向けるからだ。

あなたの人生が一冊の本だとするなら、一ページの失敗にあまり固執する必要はない。仮に本にインクを垂らしてしまう、あるいは不注意で本が破れてしまうことがあっても、あまりにもそこに引きずられて、自分を責めることはない。ただ次の章に移ればいいのだ。あなたが次章ですべきことは、二度とインクを垂らしたり、破いたりしてしまわないように注意することだ。もちろん、また繰り返してしまっても仕方ない。やはり前進あるのみだ。

「〜のせい」は自分を防護したい気持ちから生じる。失敗せざるを得なかったと自分を正当化し、他人に慰めてもらうための手段なのだ。だが、今一度考えてみよ。何か問題が生じる際、「〜のせい」が何の役に立つのか。できることは何もないという事実。これをあなたもよくわかっているはずだ。強いメンタルを考えるならば、誰かのせいにするのはやめ、問題を現実的に解決するために行動せよ。このような姿勢は奇跡を生む起爆剤になる。

思考習慣②：合理的に原因を分析せよ

思い通りにいかず失敗を繰り返すと、自分自身に対して疑心暗鬼になる。だんだん自分の能力を信じられなくなるのだ。疑念が疑念を呼び、ついには自分を役立たずと思い込み、落伍者の道を歩み始める。

もしあなたが問題に直面しているなら、合理的に原因を突き止めなければならない。永遠のものは一つもないように、失敗もまた永遠には続かないということを頭に入れよ。昨日の自分は失敗したかもしれないが、今日の自分は「過去に失敗した人」だ。ただ、それだけ。「失敗した自分」「失敗していた自分」から、「失敗もしたことがある自分」に変えていくのだ。何かが欠けているという思考を豊かにすること、それがまさに〈ウェルシンキング〉だ。まず、失敗の原因を綿密に分析することから始まる。失敗の原因を分析するだけでも、あなたはこれ以上、自分に疑心暗鬼になることはなくなる。

このように、合理的な分析であなたの状況を変えなければいけない。一時的な失敗を永久的なものと捉えてはいけない。あなたが最近の失敗、あるいは失敗の余波の中でしばらく立ち止まっているなら、永久に失敗したわけではないと心に留めておくことだ。メンタルが強く、根気があり、大成した人ですら、常に失敗を繰り返す。結局、失敗した時にどれだけ感情に惑わされないか。これが、最大のポイントだ。

思考習慣③：コントロールできることに集中せよ

メンタルが強い人は、回復が早いという特性がある。コントロールできることに集中し、コントロールできないことは果敢に手放すのだ。たとえば、誰にでも全く同じように降りかかる法的問題や社会問題、自然災害、不景気、あるいは両親から受け継ぐもの、自分が生まれた境遇などはどうすることもできない。コントロールできないものは不可抗力だ。影響を受けている今の自分と環境を改善することに没頭するしかない。

コントロール力とは、自分が望む人生に到達するために、ほんの少しずつ前進するパワーのことだ。自分で変えられるものに集中し、新たな境地を切り拓くパワーだ。万が一、うまくいくことがないと感じるなら、自分の心持ちが正しいのか確認する必要がある。気が散漫になっては、意志を成し遂げられない。あなたの人生の主人はあなただ。20代からは自分の人生をどう展開していくのか、責任を持つ心を自ら持つことだ。自分の人生の目的地に向かって緊張の糸を緩めず、コントロールできるものをコントロールしなければならない。

すべての成功の秘密〈ウェルシンキング〉で成長しよう!

ガラスのメンタルを克服し、自分の決定を信じ前進する精神を持つことは、あらゆるネガティブなことから解放されるということだ。宇宙に存在する者として、矜持を持つことでもある。誰の人生でも、貴く、きらめいている。挑戦を断念してはならない。誰が勝手にあなたの人生に決定を下すことなどできようか。

あなたが何を考えようがその通りになるだろう。
あなたが何を感じようがそれを引き寄せるだろう。
あなたが何を望もうとその通りになるだろう。

私は小さい失敗をしたが、その失敗をバネにもっと大きな成功を収めた。そして急成長の時期に思い切って経営から身を引いた。一歩引き下がると、もっと大きな世界が開けた。このような成長を可能にしたものは、〈ウェルシンキング〉に他ならない。幼い頃に頭角を現すことはできなかったし、誰からも期待されたことはなかった。ケリーデリという企業を成功させ、経営の第一線から退いた私は、今も成長過程にある。死ぬほど頑張って生きても築けない富を、どうやって達成できたのか。一体どんな勉強をし、実践したら、１００年かけて働いても難しい大成功を、たったの5年でやり遂げることができたのか。そのすべての秘訣は〈ウェルシンキング〉にある。これは真の富を呼び起こす思考パワーだ。

〈ウェルシンキング〉の種を潜在意識の中に植えた瞬間はまさにあの時だった。友人ヨンスクが旅立った日、「みんな、赤貧洗うがごとしだったけど、私がきっとやり遂げる。誰だってできるし何にでもなれるってこと、必ず世界に見せつけてやる」と誓ったあの瞬間だ。

私が以前にも本を出版したことはすでに述べた。30代後半で大失敗し、大きな負債を抱えた私は、2年以上深い絶望の淵に立っていた。当時の私のように絶望している人が世界には大勢いる。幸いなことに、私は再起する力を得たが、人によってはその挫折感から自らの命を絶つこともある。数ある死でも、自分から命を絶つことほど痛ましいことはない。

命を絶つ以外の選択肢がないと考える人々に、または、再び歩み始めるちょっとの勇気を出せず自暴自棄に陥っている人々に、私の体験談を通して小さいながらも希望の光を見て欲しかった。私ができたのだから、あなたもできるというメッセージを送りたかった。

本書『お金が人を選んでいる』は、善行の潜在能力を持っているに違いないあなたが、富裕層のレベルに到達できる方法に焦点を当てて執筆している。正確に言えば、富を叶える方法の集大成だ。この方法で、成功を収めた私が生き証人だ。そして多くの人が私と同じようにこの方法を実践し、また違った成功事例を出している。富はもう誰か見知らぬ人の占有物なんかではない。〈ウェルシンキング〉の意味と価値を理解できれば、あなたの前にも真なる富の世界が開かれることだろう。

さあ、次は間違いなく
あなたの番だ。

第2部

富の創造

〈ウェルシンキング〉実践編

富を引き寄せる〈7つの思考の根〉

冬中、身を切るような風を凌いだ木々、そしてついに開いた花を眺めていると、これこそが生の本質ではないかと思う。取るに足りない貧しさにも打ちひしがれてしまう人間と比べれば、自然界は驚異的だ。

しかし人間界も同じだ。どんな瞬間にもあきらめず乗り越えることができるなら、それだけで驚異的存在となる。もちろん核心は、自分の人生に何を植えてきたか、である。そう、だから、植えることが先決なのだ。

「今の状況」というのは、今まであなたが人生の中心に何を植え、それをどれほど愛してきたのかをよく表している。豆を植えれば豆ができ、小豆を植えれば小豆ができる。人生は決して嘘をつかない。

実りある人生のためには

夢を叶えること。それは林檎の木にたとえるなら、豊かな林檎の実をぎっしり実らせることだ。果汁たっぷりで色ツヤのいい林檎を収穫する。そのためには、必ず剪定しなければならない。不必要な枝を切り落としてこそ、栄養分が果実にしっかり行き渡る。だが、剪定よりもっと重要なのは、根を下ろすことだ。見かけ上、林檎の木の枝はあらゆる試練を乗り越えたように見える。しかし、それだけではない。地面の下でしっかり根が張られているからこそ、揺らがずにいられるのだ。

同じ意味で、富を創造するにあたっては、本当に必要な価値を人生に根付かせなければならない。私はこれを、富を引き寄せる〈7つの思考の根〉と呼ぶ。人間が習慣を作るように見えるが、人間を作るのは習慣のほうだ。ゆえに、あなたが真の富を成したいなら、それ相応の習慣の根を張らないといけない。揺るぎない人生のために。

思考の根①：〈コアバリュー〉

あなたの価値が何なのかを知っていれば、人生の航路決定はうまくいく。だから、内面の奥底に潜む真の〈コアバリュー（Core Values）〉を見出さなければならない。〈コアバリュー〉を定めてから決めた目標は、たとえ何があろうと簡単には変わらない。〈コアバリュー〉には人生の方向性を堅持する力があるからだ。では、〈コアバリュー〉とは一体何なのか？

〈コアバリュー〉とは、「我々が考えて行動できるようにするうえで必要な、意思決定の基準」のことだ。企業の〈コアバリュー〉については耳にしたことがあるだろう。

企業の〈コアバリュー〉は、その企業の進む方向と目標を意味する。だから企業は〈コアバリュー〉に合わない商品は生産しない。本質をぼかし、存在意義を損なうからだ。

個人の〈コアバリュー〉もこれと同様だ。個人が〈コアバリュー〉を見出した瞬間、人生の本質をぼかし、自分の存在意義を損なうことに対して、拒絶する勇気が湧く。それに伴い、当然、人生も変化する。自分の〈コアバリュー〉を発見すれば、目標への到達時間や情熱を大幅に節約することができる。余った時間と情熱で、また別の目標を叶えることも可能だ。

内面の深い場所でうごめく〈コアバリュー〉を見つけ出すことは、そう簡単ではない。だが、〈コアバリュー〉なく設定された目標は、三日坊主に終わるか、途中で放棄することになる。立ち消えになることすらある。目標をあきらめてしまうと、言うまでもなく心理的な喪失感は大きい。これが繰り返されれば自分の能力を信じられなくなる。敗北感だ。始まってもいないのに無気力になる。

〈コアバリュー〉さえ知り、それをもとに目標を叶えようとしていたら、こんな感情をきっと免れたはずだ。だから、〈コアバリュー〉を探すことを最優先にせよ。この

〈コアバリュー〉こそが、あなたの人生に根付かせるべき、最初の根だ。

あなたの〈コアバリュー〉を見つけるワーク

ここでは60個の〈コアバリュー〉をご覧に入れよう。あなたが大切だと考えるものを5個選んでみよ。

まずは重要だと思う単語をすべて選ぶ。次にその中から重要度の低いものを抜いて10個まで減らす。あなたが重要だと考える価値が見当たらない場合は、新たに追加しても構わない。

一つだけアドバイスをするとしたら、選んだものがなぜ重要だと思うのか、そのたびに書き記すといい。そうすれば、あとで5個まで〈コアバリュー〉を絞り込む際、大いに役立つ。

〈コアバリュー〉が明確になると、意思決定のプロセスが容易になる。すると様々な場面でいっそう成功ができる肥沃な土壌が作られる。あなたにとって大切な〈コアバ

60のコアバリュー

成果／達成感	冒険心	真正性	変化
献身	コミュニティー	貢献	勇気
創造性	学び／教育	効率	共感
経験	公平さ	信念	友人
寛容さ	成長	謙虚さ	ユーモア
理想主義的な姿勢	論理／筋	忠誠心	率直さ
他人に認められること	結果	満足感	成功
支援	組織／体系／制度	平静さ	美
挑戦	競争	大胆さ	一貫性
好奇心	品位	多様性	平等
倫理／道徳	優秀さ	名声	家族
自由	調和	健康	正直さ／誠実さ
自立	個性	リーダーシップ	情熱
方法／手順	現実的／分別ある	安心感	奉仕／尽力
着実さ	団結力／チームワーク	透明性	富

リュー〉10個を選べただろうか？　10個選んだら、さらに5個まで絞ろう。自分の中ですでに志向していた価値をはっきりさせれば、あなたの望む人生がどんなものかを知ることができる。そしてこの先どのような決断を下す場合でも、この〈コアバリュー〉に則って決定せよ。優柔不断、三日坊主、途中放棄などはあなたと無縁の言葉になるだろう。

目標と夢の設定

「コアバリューを定めよ」とは、「他の価値をあきらめよ」と同義ではない。〈コアバリュー〉はいざという瞬間に、迅速な決定と行動を導くための指標だ。社会生活、あるいは配偶者や子供、友達との関係を続ける際、この〈コアバリュー〉を基準に決定すれば、ずっとスムーズな人生を送ることができる。

あなたはもう自分だけの〈コアバリュー〉を正確に知る人になった。〈コアバリュー〉を知ったら次にやるべきことは、目標と夢の設定だ。目標設定とは、自分の限界を超え、無限大の能力の世界へと導く手段だ。とはいえ、目標を適当に決めてはならない。目標は次に挙げる6つの原則に沿って実現可能なレベルで設定する。

原則①：可能性を予測しないこと

目標と夢を設定する際、もっとも回避すべきことは、達成の可能性をあらかじめ判断するという行為だ。〈コアバリュー〉を設定したら、定めた目標を達成するという姿勢が何より重要だ。私は目標を定めたら、こう考えるようにしている。「この目標を叶える方法なんて、今はわからない。でも、そのうちきっと見つけるんだ！」とりあえず勢いに乗って目標に狙いを定めるのが肝心だ。

原則②：目標を明確にすること

「大金持ちになるんだ」「ダイエットをするんだ」という曖昧な目標は達成しにくい。そうではなく達成したその瞬間を正確に把握できる目標がいい。単に富者になろう、体重を落とそう、そういった目標は達成の瞬間がわからない。いい目標というのは、数値化ができなければならない。たとえば、「私は10億ウォン（約1億円）を持つ金持ちになるんだ」「私は10キロ減量する」など、明確な目標を設定するのだ。

原則③：数値化して把握すること

明確な目標を定めた後は、目標までの全プロセスを計算しておく必要がある。こうすれば変化を直《じか》に感じることができ、目標へ向かう道を楽しめる。また、計算は目標を達成する全プロセスにおいて自分の位置を把握する手段でもある。自分の位置を確認することは、根気や意志に影響を及ぼす。ゆえに、必ず計算し、目標達成へのプロセスを楽しみ、意志を固めよ。

原則④：大きな目標を持つこと

目標を小さく設定した人より、大きく設定した人のほうが、革新的な思考で強い推進力を持ち、目標を達成できる確率が高い。目標自体が大きいことは、でたらめなこととは違う。目標が大きければ、全く異なった行動を取ることができるのだ。従って、必ず壮大な目標を決めよ。自分が到達したい姿を心ゆくまで想像せよ。

原則⑤：実現可能な段階設定をすること

壮大な目標を持てと言っておきながら、実現可能な目標を設定しろと言えば混乱してしまうだろうか？　「実現可能な」の意味は、目標を段階的に設定せよという意味だ。目標が壮大であるほど、多くの時間と熱意が必要となる。だから、最終目標は大きく描いてもいいが、それを叶える目標を、段階的に、綿密に立てて前進するのだ。つまり、壮大な目標を抱いても、それを実現するために、目標を細かく分けるのだ。中長期的な5年後、10年後の目標を細かく分け、今年1年の達成目標は何かを決めよ。そして1年の目標をさらに細かく、半期、四半期、毎月、毎週、毎日と設定せよ。そうすれば、かなり実行しやすくなる。階段を上るように、目標を一つずつクリアしながら意志を固めよ。いつの日か、望む目標に到達できているはずだ。

原則⑥：デッドラインを決めること

デッドライン（期限）を決めるのはストレスだと言う人がいる。しかしデッドラインを決めることで目標に生命力を吹き込むことができる。時間が十分に与えられたとしても、デッドラインがない目標など荒唐無稽だ。自分の〈コアバリュー〉を知り、目標を立てたのならば、いつまでにそれを達成するかに注目せよ。

仮にあなたが「10億ウォンを手にする富者になる」と決心したなら、それをいつまでに達成するのかデッドラインを定めよ。デッドラインを設定する理由は、あなたが望む未来の青写真を描くためだ。時期を決めなければ、未来をイメージするのは難しい。イメージできなければ到達は難しくなる。１００歳で、あるいは死後に１００億ウォンの富者になる目標を達成したとしても、何の意味があろうか。

思考の根②：〈決断力〉

敵を知り己を知れば、百戦百勝。すでにあなたは〈コアバリュー〉を基準に目標を定めた。弁明の余地なく、〈決断〉の時が来た。大勢の人がダイエットに、大金持ちになることに、起業に、挑戦してみたいと口を揃える。だが、数ヶ月後に会ってみると、相変わらず同じことを言っている。行動に移さず口先だけで、「何かを成すんだ」と戯言を並べる。数年経っても同じ話を繰り返す人さえいる。

「奇跡は行動する人に訪れる」と、私はいつもアドバイスをしている。今すぐに〈決断〉せよ。自分を悩ませ苦しめる問題点ではなく、その解決策に焦点を当て、具体的に何をすべきか〈決断〉しなければならない。〈決断〉を下せたら、迷わず行動に移し、実践せよ。私が尊敬するアメリカ人自己啓発書作家のトニー・ロビンズは〈決断〉についてこう語った。

「決断は行動に移してこそ価値がある！」

〈真の決断〉とは「行動を伴う情報」

目標達成においてもっとも難しい点は、〈真の決断〉を下すことだ。どうすればいいのか、果たして自分に解決できるのか、と悩んで時間を無駄にするな。突出した成功者らは、価値観がぶれず、人生の目標も明確だ。だから決断後はとりあえず行動に移す。〈決断〉を下すこと自体が一種の行動なのだ。肝に銘ぜよ。

〈決断〉を私なりに定義するとしたら、「行動を伴う情報」だ。行動が自然についてくる時、〈真の決断〉を下すことができる。〈決断〉は行動を起こすもととなり、より大きな目標を達成する際の大もとの力になる。

私は〈決断〉を楽しむ。うまくいくかどうかなど、悩まない。一分一秒が惜しい人生だから、〈決断〉を信じ、前に踏み出すのみ。失敗のほうが多いことも否めないが、再び〈決断〉し行動する。それが私の成功法だ。

あなたはどうだろうか？　もしかして、〈決断〉してもいないのに悩みに陥りがちで、トライさえできずにいる状態では？

今日は、過去にあなたが下した〈決断〉の結果だ。満足しているか？　あなたが今どんな状況であれ、〈決断〉しないなら未来も今と変わらないだろう。それでも変化を求めるならば？　その方法はこの上なく簡単だ。小さいことから〈決断〉する習慣を身につければいい。

頻繁に〈決断〉を下せば、優れた〈決断〉をしやすくなる。遠ざかっていた運動を急に再開すれば、体中筋肉痛に悩まされる。しかし筋肉痛を十分に経験したら、同じ程度の運動にはもう揺るがない筋肉が備わっている。〈決断〉も同じだ。初めは心配が先立ち、失敗ばかりが頭に浮かぶ。ところが、〈決断〉して行動に移すことを繰り返せば、これまでの人生では感じられなかった活力を次第に得られるようになるのだ。

失敗し続けてもいいから行動する

新型コロナウイルスの影響で、計画していた講演はすべてキャンセルになった。あまりにも残念だった。そこで右往左往せずインスタグラムを通して講演のメッセージを伝えようと決心した。１００日間、自己啓発の名言をアップしようと決めたのだ。自己啓発の名言が終わる頃には、インスタグラムを訪ねてくれる人々と「根気プロジェクト」なるものを実行しようと思い立った。その次には、１００日間にわたり体を鍛え、ボディプロフィール写真を撮ることにした。私は〈決断〉したことすべてをやり遂げた。あの時、〈決断〉自体は難しくても、いったん始めれば、それを成し遂げるのはむしろ簡単だと気づいたのだ。

お金もなく、知り合いもいなかった私は、高等学校卒業当時、日本への留学を決めた。しかしその決定に、自分でもとても怯えた。なぜだか死ぬかもしれないと思ったからだ。だから両親に遺書を書き、１年間私から連絡がなければ、両親に渡してほしいときょうだいに頼んだ。しかし、日本に到着した私は、数ヶ月でまた韓国に戻った。あまりに異なる世界に適応できなかったのだ。

ソウルに戻り、どう生き延びていけばいいのか途方に暮れた。愚かで情けない自分が嫌でたまらなかった。そこで、一度始めたのだから何か結果を出さないと、と思い直して、再び日本行きを決行した。夢に描いた衣装デザインを専攻し、優秀な成績で服飾専門学校を卒業した。

失敗を通して、より良い〈決断〉を下せた。失敗は大きな贈り物として舞い戻ってきたのだ。

実際、私は今も失敗し続けている。だから愚かな自分自身に嫌気が差すこともある。しかし、自責する時間は短くし、次の行動について考えるようにしている。

もしもあなたが何かを〈決断〉したら、柔軟な姿勢で選択の幅を広げながら、前に進むべきだ。我々が望むのは結果であって、一瞬一瞬のプロセスそのものが成果に直結しないこともある。

私は最初の事業に失敗してから就職しようとした。しかし、いくら職を得ようとしても、私のような無能な人材を雇ってくれる会社を見つけることはできなかった。そこでまた起業しようと決めたのだ。

誰も私を雇用してくれないなら、私が自分を雇用することにした。ずば抜けて優秀なヨーロッパの人材より、自分が得意なことは何か考えながら、日本での経験と韓国人としての感情をうまく生かそうと努力した。新しい事業アイテムにおにぎりを選んだのはそういう経緯があった。

思考の根③：〈宣言〉

どんなに確固たる決意も、頭の中にあるだけでは無きに等しい。だから、〈宣言〉せよ。自分の人生を野心的に進む人は、〈宣言〉できなくてはならない。決断後の失敗を防ぐためには不可欠だ。

〈宣言〉して楽しもう

私は〈決断〉と〈宣言〉を楽しむタイプだ。だから達成したい目標ができれば、周囲に〈宣言〉する。

だが、それよりもっと重要なことは、自分自身に〈宣言〉することだ。〈宣言〉は脱線せずに目的地へ到達できるように、また行く先々の分岐点で横道に逸れないようにガードレールを設置する作業だ。〈宣言〉すれば、思っていたよりはるかに楽に、目標を達成できる。

インスタグラムで「根気プロジェクト：運動編」を企画した時、多くの人が100日間運動に参加してくれた。ほとんどの人は100日間、このプロジェクトに参加すると公言し、証拠写真をアップしようと約束もしてくれた。どんな用事があっても100日間、運動し続けなければならなかった。自分で立てた目標にガードレールを設置し、是が非でもやり遂げるように自分を追い込んだのだ。

その結果、200人のうち90人を超える人々が完走した。なんと50％近くの人が100日間運動を成功させたのだ。

私自身も、このプロジェクトに参加しながら、一度たりとも途中でやめるかもしれないという思いを抱かなかった。大勢の人に〈宣言〉し、絶対にやるしかない道に踏み込んだからだ。共に実行する人がいたため、一人で実行するよりむしろずっと簡単にやり通せた。
人はやめてもおかしくない状況が生じると、言い訳ばかりになる。言い訳が増えるのは、目標が遠ざかっている証だ。だから目標を叶えたいなら、必ずや〈宣言〉せよ。自分が決意し、目標へ向かう道に入ったという事実を方々へ知らせよ。

2タイプのリーダーに見る〈宣言〉の力

【タイプ1】リスクを避け宣言しないリーダー：職場で一生懸命に働き、万事に最善を尽くし、愛社精神が強いリーダー。だが、こういう人物は目標を掲げ「いつまでにこれを叶える」と〈宣言〉はしない。働く時に頑張るのみだ。

【タイプ2】リスクを取り宣言するリーダー：いつまでに、自分が何をやるかという目標を明確に立て、〈宣言〉するリーダー。私から見ても胸が高鳴るような大きい目標だ。

タイプ2のリーダーは、自分が〈宣言〉した目標を達成できず、失望されることもある。だから、タイプ1のリーダーのほうが仕事ができ、会社により必要な存在のように見えるかもしれない。タイプ1のリーダーはリスクを避け、何も〈宣言〉しないため、約束を破ることもない。仕事を頑張り愛社精神もあり、できるリーダーだと思われるかもしれない。

しかし、結果的に見れば、タイプ2のリーダーのほうがいい成果を生み、会社で慕う人も多かった。なぜだろうか？

私の分析によると、タイプ2のリーダーは、〈宣言〉した目標値の70％以上を常に達成していた。10個あるプロジェクトを2年間担当し、7個を成功させ、3個が失敗だったと仮定しよう。実はすごい成果だ。

10個のプロジェクトのうち成功した7個は、組織と個人の成果に大きな影響を及ぼした。それならば、失敗したプロジェクトは無意味だったのか？　そうではない。タイプ2のリーダーが失敗した3個のプロジェクトは、この先この人物がもっと成長できる土台となった。だが、タイプ1のリーダーは、何の〈宣言〉もせず、失敗しなかった反面、成長もしなかった。

成長は喜び

人間は成長する時に幸福感を抱く。成長がない人生は退屈で面白みが感じられない。インスタグラムで「根気プロジェクト：運動編」を開催した際、運動好きな人もいたが、嫌いな人もいた。200名はみんな三日坊主を卒業したいと思い〈宣言〉した。

この中で目標を達成した人は、自分でも驚き大いに喜んだ。平凡な人生に生気が吹き込まれ、喜びを満喫できたのだ。体に変化を感じたことは無論、他のこともできそうだという自信まで湧き出たと教えてくれた。これはすべて成長の証だ。

時々、〈宣言〉して失敗したら自分の位置が危うくなるのでは、と恐れる人を見かける。確かに200人中、半数以上はプロジェクトを完走できなかった。しかし、初めからチャレンジしない人と比べたら、ずっと多く運動したし、学び、成長した。

三日坊主でも三日ごとに再出発する人は、必ず成功する。だから〈宣言〉を恐れないことだ。〈宣言〉には目標に向かうためのガードレールを設置する意味以外にも、実は多くのメリットがある。

自分が心から大切に思い、愛する人々に、「変わろうと思う」と語るだけでも、無限の信頼を寄せてもらえる。組織ではどうだろうか？「我々のチームは現状維持しながら、誰かに迷惑をかけない程度に働こう」などと言うリーダーを心から慕うことができるか？　適当に働くパフォーマンスを見せながら、何でも楽に進めようとするリーダーについていけるか、という話だ。

〈宣言〉とは、あきらめの瞬間に自分が孤独ではないと気づかせてくれるパワーだ。私が〈決断〉し〈宣言〉した目標が、孤独な道ではないという教えなのだ。その意味であなたに問いたい。

あなたはどんな〈決断〉で胸を熱くしているか？
誰に〈宣言〉し、信頼を得たいか？

思考の根④：〈信頼〉

あらゆる成功は、自分自身を愛することから始まる。自分を愛し、その上で、自分に起きるすべての状況を愛せなければ、問題解決の糸口は見えてこない。

お金で幸福は全部手に入ると信じていたあの頃の私。当時はトントン拍子のように見えたが、いつも心は不安でいっぱいだった。結果として、40手前ですべてが崩れてしまった。貧しく、太っていて、依然として難読症に苦しみ、事業の失敗で借金まで抱え込んだ自分を愛することなど、並大抵のことではなかった。しかし、私は自分を愛すると決めた。職もない、お金もない、友達もいないパリ。ひどく孤独だったが、ありのままの自分を愛した。

「ない」より「ある」に注目する

自分を愛することのポイントは、「ない」より「ある」に注目することだ。私には家があった。朝に目を覚ますことができた。歩くことができた。韓国人女性で健康だった。このような事実だけに着目した。そして毎日、自分に向かって「大好き」と声をかけた。成功した大勢の人がそうであるように、私を信じることにした。

大きな成功を収めた人々は、傍《はた》から見れば空虚に思える夢を見ながらも、一点の疑いもなく夢を叶えるために前進する者たちだ。果たして彼らは自分の成功を自然に信じられるようになったのだろうか？　違う。自分を信じようと決意したのだ。だからその決定を実現させるために、全力を尽くす。もしもあなたが成功したいなら、このような〈信頼〉のパワーに気づかなければならない。

インタビューに応じると、必ず受けるお決まりの質問がある。ケリーデリが成功すると知っていたかという質問だ。もちろん私は知っていたと答える。この事業を始め、努力した時間と従業員らにかけた言葉を例に取りながら、私の話に信憑性を持たせる。

だが、本当に私はケリーデリが100%成功すると知っていたのだろうか？　そこまで完全に信じることができたわけではない。私の精神と肉体を目標に合わせるために、ただ信じ込んでしまったのだ。

信じ込むことで成功したアリババの創業者

何の対策もなく自分を信じた大ボラ吹きの男を紹介しよう。

オフィスを持つ資金もないある若者が、妻が手に入れた新婚用の20坪の家で会社を創業すると決めた。そして18名の全社員を前にこう〈宣言〉する。

「我々は102年生き残る会社を創設することになる。全世界のインターネットサイト10位に入る最大のEコマース企業になるだろう。我々の競争相手は国内ではなくシリコンバレーにいる」

資本金は総額7千万（約700万円）ウォンだった。

貧しい家に生まれたその人物は、金銭的な支援を受けられる状況にはなかった。その上、あまり外見がよくないという理由で面接では幾度となく落とされた。若者の最悪の状況はこれがすべてではなかった。あまり賢くなかったので、高等学校の試験に落ちただけでなく、大学受験は三浪。最初の大学入学試験で取った数学の点数は、なんと１５０点満点中１点だったという。２回目の試験でも19点だった。

本当に見るも無残ではないか？　こんな背景を持つ彼が社員らを前にして、どうしたら１０２年生き残る会社を創設し、世界的に有名なインターネット企業を追い抜くなどと宣言できたのだろうか？　大ボラ吹きにもほどがある。

だが、その人物は、実際に自分の発した言葉を守った。彼がまさに中国最大のインターネットショッピングモール、アリババのジャック・マー（馬雲）だ。ジャック・マーは、自ら企業を立ち上げた冒険家スタイルの事業家だ。１万５０００ウォンの月給取りから40兆ウォン台の財閥になった。アリババの売り上げはサムスン電子を抜き、世界最大のＥコマース企業に躍り出た。18人で始めた社員は今や10万人を超える。彼の財産はどれほど多いのか、毎年10億ウォンずつ使っても４万年近くかかるという。

何も得意なことがなかったジャック・マーは、〈宣言〉後にそれを信じ込んでしまったことで、ついには成功を掴み取った。果たして自分で本当に信じることができるから、信じるに至ったのだろうか？　まさか。自分が目指す目標に集中していたら、自然に信じ込んでしまったのだ。

このような成功事例を知っても、未だにあなたとは何ら関係ないサクセスストーリーだと思っているか？　あなたとは異なる何かがあったのだろうと思うのか？　そんなことはない。

高みに到達するためには、自分を信じなければならない。つまり、今まで成功したことがないから、この先も成功できないという考えは投げ捨てるべきなのだ。他人がやっているのに、あなたにできないなんてことがあろうか？

私が講演するたびに聴衆とともに叫ぶスローガンがある。

「He can do, She can do, Why not me?」

彼にできて、彼女にもできるのに、自分にできないなんてことがあるか？　今まで失敗ばかりし、思い通りにうまくいったことがないから、この先も無理だと思うのか？　残りの人生をただ信じよ。あなたが思い浮かべる青写真をイメージしながら。その信念があなたを望む場所へ連れて行ってくれるはずだ。私はあなたを信じている。

思考の根⑤：〈信念〉

成功のためには、まず「できるんだ」という〈信念〉を持たなければならない。信じることが意識に内在するのなら、〈信念〉は無意識の中に存在する。意識の中にあるものは状況によって変わるが、無意識の中にあるものはそうそう変わらない。意識の中の〈信念〉は、あなたがどう決心するかによって生じたりも消えたりもする。だが、無意識の中の〈信念〉は、あなたの意思とは無関係に現れ、その後は姿を消す。

あなたに一つ問いたい。あなたは叶えたいすべてのことを、叶えられると信じているか？

おそらく、すぐには答えが出せないだろう。私は目標を叶えるための、もっとも本質的な心の持ち方として、こう強調したい。自分が信じることができるから信じるに至るのではなく、信じて突き進むから信じ込んでしまうのだと。

先の問いにためらうことなく答えたいなら、無意識の中の世界に強い〈信念〉を植え付けなければならない。もう一つ、質問を投げてみる。あなたの自分に対する〈信頼〉は何点か？

1点：　全く信じられない状態
5点：　時々信じられるが、何かの拍子に信じられなくなる状態
10点：　自分が望むあらゆる善行を遂行できる状態

あなたの点数は何点か？　なぜその点数だったのか？　〈信頼〉が重要な理由は、目標へ向かって突き進む火種になるからだ。どうすれば〈信頼〉の火種を絶やさず勢いよく燃やすことができるだろうか？

自分に対する〈信頼〉が1～5点の人は、自分自身を愛する時間をもっと持つべきだ。人生の優先順位のトップに自分自身を置かなくてはならない。他人より優先して

自分を愛さないといけない。自分を愛せもしないのに、どうして他人のために尽くせるだろうか？　誰でも同じように24時間を生きているが、その中でも最低1時間以上は自分の成長に時間を費やす必要がある。

〈信念〉は〈信頼〉の積み重ね

あなたの予測通り、私は自分を１００％信じている。しかし、初めから信じていたわけではなく、今この瞬間にも自分を信じようと必死に努力している。最高の状態を維持するために、運動と瞑想、〈宣言〉、そして読書に多くの時間を割く。自分の〈信頼〉を勝ち得るために、これらの活動は欠かせない。

意識の中の〈信念〉を、無意識の中に定着させたいなら、このような活動を繰り返すしかない。人間というものは、成長を感じることができれば、幸福感を得られると述べた。習慣を一つ変えるだけで、時間と共に、予想をはるかに超えるほど人生を成長させる。すると、無意識の中で自分を信じる心が徐々に〈信念〉に変わるのだ。ささいな習慣一つを正すだけでも十分だ。ただし、ここで重要なのは、自分を成長させることをすべて繰り返し、積み重ねる必要があるという点だ。

思考の根⑥：〈確信〉

長いこと自分を怠け者だと思っていた。子供の頃はきょうだいらと比べると、朝、目が覚めて起き上がるのにひどく時間がかかった。早朝に起き出し、農作業を手伝う準備をし、家事を手際よく片付けるみんなはすごいと思っていた。そんな私を見て父は口癖のように怠け者だと言った。

以降、50を超える歳まで、自分はずっと怠け者だと思い込んできた。早い時間帯の約束やプロジェクトはできないという気持ちが先行し、いつも不安に駆られた。父の言葉が私の無意識の中に浸透し、自分が怠け者だという信念を植え付けていたのだ。

だが、過ぎた日々を思い返してみると、私は意外にも、与えられたタスクを責任を持ってやり遂げる人間だった。女工として上京した高等学校時代から、重要なことがあればすぐにでも起き上がり、与えられた仕事を誰よりもうまくこなした。それでも自分を怠け者だと決めつけていた。

人生がある程度、安定した時のことだ。ふと、こんな考えが頭をよぎった。とはいえ、もし、怠け者というレッテルに邪魔されず、瞬時に行動していたら、失敗しても素早く起き上がっていたら、ここまで辿り着くのにどれほど多くの時間を縮められただろうか？　まさにその時だった。私は無意識の中に居座っているネガティブな情報が、人生をどれほど蝕んでいたのかに気づかされたのだ。

無意識に浸透してしまったネガティブ思考

この問題は自分に特有なものだと思っていた。ところが、講演やEメールで受けた数多くの質問に、私は一つの共通点を見出した。私に悩みを吐露した人々が持つ問題もまた、無意識の中に浸透したネガティブ思考だった。

〈信念〉は、過去の繰り返しにより生まれる。そのため、事実と異なる間違った認識が〈信念〉として居座るケースも実は少なくないのだ。

多くの人が大金持ちになりたいと言ったが、彼らの無意識の中には金持ちへのネガティブな思考がとぐろを巻いていた。その思考を追い出すために、いくらいい言葉とポジティブな力を注ぎ込んでも、梨の礫《つぶて》だった。彼らが考えている大金持ちは、悪者か、詐欺師と同等のイメージだった。

それを知ってからというもの、ピアニストになりたい人が立派なピアニストをけなすことと同じ理屈だと考えるようになった。夢を愛し、それを叶えるべく最善を尽くすだけでも精一杯のはずが、そのような金持ちを否定し陰口を叩くことに時間を費やすとは。なんと皮肉なことか。

〈確信〉できないなら〈信念〉を再点検する

強い〈確信〉は、6本目の根であるまっすぐな〈信念〉から生まれる。だから〈確信〉できないなら〈信念〉の実態を再点検し、自分が望む方向に進めるように訓練しなければならない。〈信念〉を〈確信〉に強められない理由は、潜在意識と自分が望むものが異なるためだ。自分への〈信頼〉と〈信念〉が完全になる時、ようやくそれが〈確信〉となる。だが、ほとんどの人はこの〈確信〉の段階で脱落してしまう。目標に向いた思考が正しくないと、決断と行動を頻繁にくすぶらせるからだ。

コアバリューを設定したあなたは、富者になろうと決心し、方々に〈宣言〉した。初めは信じ難かったはずだ。だが、彼も彼女も成しているのに、なぜあなたにできないことがあろうか？　私は貧困層の中の貧困層にあって、そんな私もやってのけた。それなのに、どうして、あなたにできないと考えるのか？

「私は一度やると言ったらやるぞ！」と声に出して叫べ。スーパーマンのように、ワンダーウーマンのように、胸をパッと張りながら大きく叫ぶのだ。

さあ、あなたはもう〈確信〉することを迫られる岐路に立っている。本書を閉じる瞬間、あなたは完全に生まれ変わっているはずだ。両目は輝き、顔は生き生きとし、身体中の筋肉がうずうずし、何かをせずにはいられないほどに。行動さえすれば何でもできると〈確信〉しなければならない。誰かがあなたを信じることなど、何の意味も持たない。自分が自分を信じられないなら、たわ言に終わる。

初めからなかなか変われないことに取り組むのはやめよ。生活の妨げとなる小さい習慣を正し、成功の旨味を知ることが大切だ。できるという気持ちが漲《みなぎ》っていることを、まずは肌で感じてみるのだ。そうやって小さい習慣を正し、成功の深い余韻を繰り返し感じていけば、強い〈信念〉が潜在意識に根付くようになる。その瞬間、あなたは自分が定めた目標を遂げられると確信し、それを強く信じ切らなければならない。〈確信〉を持てず、何事にも夢中になれない人は、到底目標に到達することなどできない。

あなたがそれを切実に求めるように
あなたも切実に求められているということを忘れるなかれ。

思考の根⑦：〈問い〉

ある国にこのような諺があると聞いた。

「自分に問え。問う者は決して答えから逃れることはできない」

自分の分野で驚きの成果を出した人々は、自問自答をし続ける。質問は時間と愛情をかけるほど深く、多くなる。小さい子供の質問が偉大な理由は、考えることに没頭した結果の質問だからだ。没頭するからこそ、考えもしない奇抜なことに気づかされるのだ。

質問の醍醐味は、自分自身にも投げかけられるという点にある。富を築くための最後の根である〈問い〉とは、人生を根こそぎひっくり返すほど強力だ。あることに取り組む時、自分に〈問い〉かける習慣は、この上なく重要だ。単純に頭で考えるのではなく、質問することで答えを出すプロセスは、内的な成熟を生み出す。〈問い〉こそ富を成す上で中核となる根なのだ。

コロナ禍で学んだこと――〈問い〉の力

新型コロナウイルスで多くのことが変わった。仕事の仕方、教育方法、出会いのあり方など、以前は不便だと思われていたことが、日常と化した。コロナブルー、ニューノーマル、アンタクト（訳註：アンコンタクトの略を表す韓製英語）、ウィズコロナなど、あまり聞き慣れなかった単語にも慣れた。だが、同じ状況下に置かれても、人によって生き方には大きな違いがある。

コロナのような危機が押し迫った時、人々は一般的にこう考える。

「どうする？　まずいぞ。本当に！」

「コロナに罹患したり、職を失ったりしたらどうしよう」
「景気がもっと悪化したら、うちの会社に支障が出るんじゃない？」

一方で成功者たちは、むしろ危機が迫った時、自分にこんな〈問い〉を投げかける。
「この困難な状況にあって生かせる自分の長所はなんだろう？」
「この状況をチャンスに変えるにはどうすればいいか？」
「アンタクトの時代、自分が新たに学ぶべきことは？」

違いがわかるだろうか？　問題のある状況を、ありのままに捉えたり心配したりすることは、人間ならば避けて通れない。だが、危機的状況で自分に〈問い〉かけると、賢明に対処できるのだ。答えを出すのも自分だからだ。

富を成し、時間に余裕がある成功者であっても、困難な状況は我々と同じだ。どうすれば乗り越えられるか、どうすれば目標に到達できるか、絶えず自分に〈問い〉かけるのみ。そして答えを見つけると、すぐにでも実行に移す。

世界的な劇作家、ジョージ・バーナード・ショーはこう語った。

「人は目に見えるものを見て『どうして?』と問う。だが、私は見えないものを夢に見て『どうしてだめなことがあろうか?』と問う」

正しく〈問う〉力を身につける

私たちの運命は質問の仕方にも大きな影響を受ける。まともに訊けないなら、訊かないほうがましだ。問題だと思うことについて答えを探すためには、きちんとした〈問い〉を立てる習慣を持つべきだ。

私の幼少期がいかに貧しかったか、ご存じのはずだ。私は、苦しく厳しかった頃を思い浮かべ、一度その点について〈問う〉てみた。「私の短所をどうすれば、長所に変えられるのか?」「恥ずべき自分の過去でも誰かの力になり得るか?」「どうすれば自分のノウハウを誰かに伝えられるか?」

質問を続けていくと、私を再び生かしてくれた母への思いを切り離すことはできなかった。だからすぐに質問した。親として学もなく、手にしたものもない。いつもすまないと言う母に、どうすれば私たちを生んだことの素晴らしさを認めてもらえるのか？　母へ感謝していると100回伝えても、真面目に受け取ってくれはしない。いいアイディアはないだろうか？

解決策として、母と一緒に『朝の広場』というKBSの長寿番組のトークショーに出演することにした。また、本を執筆してベストセラー作家になった。すると母は小さな町内で有名人になり、町内会長、町長、市議会議員、国会議員、さらに町内の市場の人たちや親戚まで、どうやってこんな娘を生んで育てられたのかと、母に尋ね始めた。ついに母も「申し訳なかった」という言葉ではなく「私の子育てもあながち間違っていなかったみたい」と思ってくれたのか、私の幼い頃の話をし始めた。

時々、前触れもなく難題を突きつけられると、閉口してしまう。しかし、答えがないのではなく、まだ答えが見つからないだけだと考えてほしい。この困難を切り拓く答えをまだ知らないだけだと。だが、きっと答えはある。こう信じてほしい。質問の切り口を変えて、屈することなく答えていけば、あなたは必ず答えを見つけ出せるはずだ。簡単に見つかる答えは、あなたの人生をひっくり返し、鼓動を激しく動かす原動力にはなり得ない。少なくとも私はそうだった。

死を目前にし、何のために生きるべきなのか〈問う〉た時、答えが出たことはすでに述べた通りだ。

あなたが探そうとしている答えを、すでに手にした人はいくらでもいるという事実を記憶せよ。その答えを完全にあなたのものとして体得すればいい。答えが簡単に出せなくても落胆することなく〈問い〉続け、さらに〈問う〉ことで、あなたの人生を見つけてほしい。切に願えば、あなたの前に答えはきっと現れるはずだ。

実ではなく根を意識せよ！

これまで、〈ウェルシンキング〉の本質である〈7つの思考の根〉について語ってきた。人生は一本の林檎の木をうまく育て、糖度の高い林檎を収穫することと似ている。どうすれば実がしっかりして甘さが詰まった林檎を収穫することができるか？そんな林檎の重さに耐えられる枝は、どうやったら育つのか？

この問いには大切なメッセージが込められている。いい林檎を収穫するためには、あまりにも多く林檎がなりすぎないように剪定し、間引く作業が不可欠だ。何より雨風が吹き荒れる過酷な状況を乗り越え、しっかりした根を大地の中で奥深く張らねばならない。

だが、多くの人は、この事実に知らんふりをしたまま、夢を叶えるんだと断言する。初めは情熱に溢れるが、時間が経つほどに底力を発揮できなくなる。目標に向かう道に現れる数々の困難に疲れ、夢破れる。根ではなく林檎に関心を向けるから、簡単に揺さぶられるのだ。

あらゆることには順序がある。まず種を植え、次に強い根を下ろす。ここに集中するのが肝心だ。潜在意識の中に根を植え、真心込めて育てれば、あなたが考える夢はいつか現実と化すだろう。

まずは目の前の仕事で成功を

あなたの夢は何か？　あなたが本当にしたいことは何かと訊けば、十中八九こう答える。「今の仕事を辞めて、自分のしたい新しい何かを探したい」と。半分は正解だが、半分は間違っている。今したいことが夢である人は多くない。だからなのか、「再び大学に通い勉強する」「会社を辞めて旅行に出かける」「いったん起業する」と貯めたお金を全部使い果たす人は数知れない。どのようなことが好きで、得意なのか悩んでいる途中で断念してしまう人も相当数に上る。いい策とは言えない。

さしあたり今の仕事で成功を収めることが先決だと繰り返し強調している。夢は他の場所にあるとしても、今携わっていることを夢に向かって跳躍する基盤と考えるのだ。自分に与えられたことすべてに全力で臨めば、天も感動するものだ。これまで、一つのことにこだわり、がむしゃらになったことが一度もなく、骨が折れるほど精を尽くしたこともない、そんな人がどうして富者になれようか？

私は成功について話をするたびに、ワイシャツ工場で働きながら、夜間定時制高校に通った時分を思い返す。あの頃は、どうすればもっと早く、もっと多くのシャツを仕立てられるかばかり考えていた。自分の仕事で最高になるにはどうすればいいか、それこそがむしゃらだった。

少し考えてみてほしい。私が過去に勤めたワイシャツ工場と現在のケリーデリとに何の関係があるだろうか。一見、何の関係もない。ところが、一つの分野で最高の成果を出そうとする執念、その点だけは一脈相通ずる。まさにそれが今の私を誕生させた。

だから、常に最善を尽くすのだ。
あなたが植えた目標の種子は、満を持して
自然に収穫できることだろう。

視覚化の魔力

夢を現実化させる時には、10％の意識と90％の無意識が働く。重要な点は、意識より無意識が人生に多大な影響を与えるという事実だ。

人は意識的に生きているように見えるが、実際はそうではない。意識的に考えられる範囲には限界がある。しかし無意識に飛び出す思考の範囲や数は膨大だ。要は、無意識をうまく利用すれば、目標を叶え成功できるのだ。

私は無意識のものすごい力を利用して、大きな富を築いた。10％の意識で、私がコントロール可能なことに様々なチャレンジをした。残り90％の無意識は、私が夢を叶えるために自動で働いてくれた。仕事中や睡眠中、運動中や会話中など、いつ何時でも無意識が働き続けられるようにコントロールしたのだ。

潜在意識をコントロールする〈ウェルシンキング〉

大きな成功を収めた人と、そうでない人の差を生むものは、無意識の世界をどうコントロールするかにかかっている。私がこの事実を悟った時、驚いたことに大成した人々はすでにこの方法を心得、実践していた。

無意識は、意識が朦朧とした状態で活発に働く。すなわち、就寝直前の10分、そして朝に目覚めてから10分程度が無意識の時間だ。この時、自分が叶えたいことを１００回ほど繰り返し口に出す。これを１００日以上続ける。こうして無意識を訓練すれば、あなたの夢は〈信頼〉できるものになり、〈信頼〉はやがて〈信念〉へと変わる。

うまく活用さえすれば、潜在意識は、人生でより多くのことを達成するのに役立つ最高の手段となる。一方、潜在意識は成功を達成するために利用される多くのツールの中でも、もっとも過小評価されるものでもある。マインドパワー、思考パワー、思考力、心の力など、多様に命名されているが、私はこれを思考パワー〈ウェルシンキング〉と呼んでいる。この重要性をいくら強調しても足りない〈ウェルシンキング〉は、成功する人生に向かうための最重要ツールだ。

私は死ぬほど頑張って生きてきたが、貧乏だった。周囲もみな同じだった。母は早朝5時前に起き、家事をし、農作業の毎日を繰り返した。働けない病弱な夫と、6人の子供たちのために、骨身を削って働いたが貧しいままだった。誰よりも情熱を持ち、誠意を尽くして生きてきたにもかかわらず、貧しさから抜け出せなかった。

あなたの人生は、どういう状況にあるだろうか。もしかして、一生懸命生きていないから、望むものを手にできない状態だろうか。そうとは考えにくい。あなたは情熱を持ち、誠実に生きてきたはずだ。今この瞬間、富を創造する思考を得るために本書を読んでいるというだけでも、生きる意志が感じられる。あなたは十分頑張って生きている人間だ。

しかし、人生に富を浸透させるためには、もっと多くのことを引き寄せ、賢く生きないといけない。その方法が〈ウェルシンキング〉だ。私は〈ウェルシンキング〉を徹底して人生に取り入れた結果、たった数年で私が望むあらゆることを成し遂げることができた。死ぬ気で頑張ったところで、人生が上向くとは限らないということがわかった。畑を耕す牛のように、愚直に進むだけでは、なかなか富は成せないのだ。

選択を下す瞬間が訪れるたびに、もう少し長いスパンで見て価値ある考え方をすれば、成功した人生を歩むことができる。すでに瞑想がストレス解消、創造力向上、精神力強化に役に立つことは、科学的に証明されている。オプラ・ウィンフリー、スティーブ・ジョブズ、ジョン・アサラフ、ジャック・キャンフィールドといった有名人らは、瞑想で多くを成し遂げたと言い、瞑想を生活の一部に取り入れるよう勧めている。

事業に失敗して憂うつな時期を経て再起しようとした際、私は毎日数時間歩き、瞑想を繰り返した。当時は死なないように自分にできることを始めただけで、成功や未来のためではなかった。それでも頭の中には事業のための奇抜なアイディアが次々と浮かび、うまくいくかどうかなど全く意に介さず、ただ行動に移すことができたのだ。瞑想によるポジティブな効果を実感した。

さてここからは、無意識をコントロールして活用する方法を、具体的にシェアしたい。

視覚化は〈ウェルシンキング〉の真髄

もし成功を遂げる中心的要素は何かと訊かれたら、ためらうことなく「視覚化」と答えるだろう。視覚化は、〈ウェルシンキング〉の真髄だ。視覚化とは、自分が望むもっとも理想的な人生を想像しながら、潜在意識の中にイメージを植え付けること。私もまた富を築くために1日たりとも休むことなく視覚化を実践した。〈ウェルシンキング〉を実践する前の私は、単に10億ウォンの負債がある人間だった。懸命に生きるだけが能ではない。賢く懸命に生きるべきだ。ここで賢いというのは、方向性を帯びるという意味だ。望むことにだけ集中するのだ。私が向かおうとする場所にだけ集中し、行きたくない場所は考えから追いやる。

目標達成のために根気が大切だということは、幾度となく強調してきた。根気が完全に体に染み込み、物我一体となった時、ようやく効果が表れ始める。だが、根気を持ち続けることは、容易なことだろうか。なぜ熱い意志や強い望みは長続きしないのだろうか。まさに潜在意識に内在した否定的な思考のせいだ。

人間は3秒ごとに新しい思考を持つ。望もうが、望むまいが、3秒に1回、無意識が思考をアップデートする。潜在意識は意識的に考えるより3万倍も強い力を持つのだ。無意識は、生まれてから見、聞き、学んだ、ありとあらゆることを記憶している。かすめた程度の経験まで事細かに覚えている。潜在意識はすべての瞬間を記録し、記憶する。一種のアルゴリズムと捉えればいい。

読書にたとえて考えてみよう。本を読んで何も頭に残っていないようでも、決定的な瞬間に非常に重要な役割を果たす時がある。意識的に思い浮かべたことではないが、必要に応じて蘇る潜在意識の力だ。

潜在意識を操る

1%の人が、96%の財産を所有する今の時代だ。彼らは超能力者ではない。1%の人々は引き寄せの法則、思考パワー、視覚化、心象化などの方法を利用し、これを可能にしただけだ。成功した人々の共通点であり、賢く熱心に生きた人々の成功の秘訣でもある。私は勉強もできず、うまくいったこともなく貧しかったが、この方法だけは身につけようと決めた。

潜在意識のアルゴリズムは、自分が望みもしない場所へ自分を導き、人生を翻弄する。そのため、我々は真剣に成したいものがあっても、すぐに挫折してしまうのだ。だが、潜在意識のアルゴリズムは、決して悪いものではない。振り回されずに利用すれば、成功に向かう立派なツールになり得る。

3年間、たった一つの目標に集中することは可能なことだろうか？　結論から言えば、可能だ。粘り強く集中すれば、人間は5年以内に大抵の目標は達成できる。今携わっていることをあきらめたくなったのなら、それは初心を忘れたということだ。視覚化のポイントは、初心を長く持続させることにある。

あきらめる心は、ナマケモノのようにゆっくりと持つべきだ。なぜなら、ここぞという時が訪れたら、また熱い気持ちが頭をもたげるからだ。潜在意識の力を利用し、この上なく楽しみながら夢に向かおう。

思い込みで自分を縛っていないか

視覚化が大切な理由は、潜在意識の中に閉じ込められた正しくない情報を浄化させる点にある。我々は意識的に生きていると信じているが、実際は潜在意識のアルゴリズムに支配されている。だから潜在意識に植え付けられている正しくない心象の数々を消す作業が求められるのだ。

友人に、会社の同僚に、そして夜になってもまた誰かに、「どこか痛いの？」と訊かれ続けたら、ある時から本当に痛み始める。思ったよりずっと速い速度で嘘の情報が潜在意識の中に埋め込まれるのだ。人は3回失敗すると、決して成功できないと考えるようになる。潜在意識のアルゴリズムが持続的に否定的な情報を送り込んでくるためだ。

人間の可能性について論ずる時、杭につながれた幼いゾウの比喩をよく聞く。幼いゾウが杭につながれた姿を想像してほしい。幼いゾウは、自由になりたい本能から、何度でも逃れようとしたはずだ。だが、自分より強い杭のせいで「もう自由になれない」「もうつながれたまま生きるしかない」とネガティブな思考を潜在意識の中に、繰り返し保存してしまった。幼いゾウが成長し、杭を引き抜いても余りあるほどの力をつけても、それを決して引き抜けはしないと思い込んでいる。さらに大きな問題は、自分の子供たちにも間違いなくそう教えるという事実だ。

もしかしたら、あなたも「自分には決してできない」と杭につながれているのではないか。十分にそれを引き抜き青い平原に出ていけるにもかかわらず、自分を拘束しているのではないか。

視覚化とは、身動きできないようにあなたをつないでいる杭を、ひたすら自力で引き抜く作業だ。あなたの人生に新たなエネルギーと気力を集め、最終的に自由を手にし、何よりあなたの未来の青写真を思い切り想像しながら、宇宙のエネルギーを受け入れることだ。

私がまた生きようと上を向き、世に足を踏み出した日は、私をつないでいた杭を引き抜いた日だった。「私には絶対にできない」という考えが「私にも絶対にできる」に変わる瞬間、私の人生は１８０度変わった。

ここからは、実質的な視覚化の方法について話したい。この方法を通して、私は自分の内面の世界を健全にし、大きな富を掴み取った。あなたにも間違いなく大きな力となってくれると確信している。

夢を実現する〈6つの視覚化〉

世間でよく知られている「引き寄せの法則」は、本当に魅力的だ。しかし、これを人生に取り入れるとなると、非現実的と感じることがある。成功する人々の秘訣の一つだというこの法則を私も試してみたものの、そんな感じを受けることが多々あった。そこで、自分に合う視覚化を構成することで、もう少し内実を伴うように発展させた。

視覚化は「満たすこと」と「空にすること」

視覚化は大きく「満たすこと」「空にすること」の2つに分けられる。「満たすこと」とは、手に入れたいことやなりたいもの、したいことをできるだけ鮮明に思い描き、無意識の中にインプットするプロセスだ。

通常、人々は「満たすこと」の視覚化を通し、自分が夢見る未来をしっかりとインプットする。だが、ここ一番で重要な「空にすること」を怠る。「空にすること」は、自分にとって邪魔となる過去の記憶や感情を捨てることだ。「空にすること」の視覚化も必ず実践しなければならない。そこまでできれば、意識のアルゴリズムが向上するからだ。

後に詳述するが、無意識はあなたの意思とは無関係に、1日約2万の思考を持続的に呼び起こす。だから「満たすこと」だけで終わると、ネガティブな思考が残り続け、あなたが目標に集中する際にネガティブな思考に妨害される。潜在意識の否定的なアルゴリズムが、しっかりと目覚めた状態であなたを攻撃するからだ。そのような意味で、私が提示する視覚化の方法を通じて否定的な心象を消せば、ずっと楽に目標に集中できるようになるはずだ。

私は「満たすこと」と「空にすること」を、〈6つの視覚化〉で構成した。

1 青写真の視覚化（5分）
2 映画監督の視覚化（30〜40分）
3 朝の視覚化（3〜10分）
4 緊張の視覚化（10秒〜3分）
5 ブラックホールの視覚化（1〜2時間）
6 夜の視覚化（3〜10分）

最初の4つの視覚化は、自分が望むことをインプットする「満たすこと」へのアプローチだ。残りの2つはあなたの人生で邪魔になるすべてのものを捨てる「空にすること」へのアプローチだ。

視覚化①：青写真の視覚化

〈青写真の視覚化〉とは、あなたが中長期的（5年から10年）に夢を叶えた時、もっとも理想的な瞬間を写真1枚に残すことだ。心の奥底に置いてきた真剣な夢を引っ張り出そう。

まず部屋の中を暗くし、楽に座れる場所を用意する。そして、目を閉じる。あなたは今、5年後の、仕事や事業で、もっとも成功した姿を青写真に見ている。あなたは何をしているか。あなたの隣には誰がいて、その人、あるいはその人たちと何をしているのか。1枚だけを思い描くように集中することが肝心だ。5分間、視覚化を続ける。

さあ、目を開けて、今、目に浮かんだ写真について、詳細に書き留めよ。あなたが見た青写真についての感情を書いてもいい。誰と一緒にいたのか、どこにいたのか、ディテールを書かなければならない。まだ視覚化の訓練が習慣として定着していなければ、すぐに忘れてしまうからだ。

特に、胸いっぱいに広がる感情がどういうものかを書き留めなければならない。その感情を信頼し、今後も思い続けることだ。あとは、この青写真を現実にする行動力を発揮するだけだ。社会的に成功した自分の姿を想像しながら抱いたその感情を、皮膚と細胞の一つ一つに刻み込め。今の自分より数段素敵になった自分自身を記憶せよ、五感で感じ、信じよ。

視覚化②：映画監督の視覚化

〈映画監督の視覚化〉とは、あなたが主人公になり、人生の全般的なスクリプトを構想するものだ。成功を収めるために、避けては通れないプロセスを構成する方法だ。核心にあるのは、人生のおびただしい数の紆余曲折と困難をどうやって乗り越えるのか、その解決方法を潜在意識に植え付けることだ。

多くのアスリートが、すでに〈映画監督の視覚化〉を実践している。競技前に、競技の開始から終了までをイメージする。途中で発生する危機や困難をどう克服すべきか、事前にリアルに描いてみるのだ。これはスポーツだけでなく、人生にも当てはめられる。闇雲に頑張るより、自分の未来をイメージして行動するほうが効果的であることは間違いない。

例を挙げよう。周辺の人の発する言葉のせいで、気持ちが揺らぎ、あきらめかける。そんな時は、そう言われたら実際にどう対処すべきかを想像してみるといい。自分の中の潜在意識のアルゴリズムをポジティブなものに変えておくことが重要だ。そうすれば決して揺らぐことはない。

部屋の中を暗くして座ったら、リラックスしながら目を閉じる。膝に手を置き、手の平が天井に向くようにし、手の甲を膝に乗せる。今から腹式呼吸をする。腹式呼吸は息を吸う時に鼻で3秒程度吸いながらお腹を膨らませる。次に息を口から吐く時は、吸うよりも3倍ほど長くし、お腹を凹ませるようにして吐き出す。息を鼻から吸う時は、全宇宙のエネルギーが自分の鼻を通り体に入ってくると想像せよ。口から吐き出す時は、体中の老廃物が外に出ていくとイメージしながら呼吸する。

手を20回程度軽く握ったり開いたりし、頭の中に考えが浮かぶたびに、それが体の外へ跳ね飛ばされるのを感じながら、ゆっくりと呼吸を繰り返す。体が椅子の中に吸い込まれるように、楽に座る。全身の緊張を解《ほど》きながら、顔の緊張もほぐす。額と眉毛、目を通り、口の緊張がほぐれる。首と肩も、手足も、緊張がほぐれる。全身の緊張を解いたまま、さらに深く椅子に座る。そしてあなたの想像力はとても強いと信じよ。

眉間にサクサクの青林檎を思い浮かべたら、さっと消す。今度は赤い苺を思い浮かべる。さっと苺が消える。サクサクの青林檎が、とても酸っぱい匂いと共に思い浮かぶ。この酸っぱい匂いを嗅ぐ能力も、あなたには備わっている。酸っぱい匂いの林檎を思い浮かべると、唾液がたまる。さっと林檎が消えた。赤い苺が、とても甘い香りと共に思い浮かぶ。甘い苺の香りが身体中で感じられる。あなたの五感は非常に敏感だ。続けて腹式呼吸をする。

ここからあなたは、とても想像力豊かな映画監督になる。主人公もあなた。監督もあなた。この映画は監督の思い通りに制作することができる。どんなことも可能だ。この映画の主人公は、数え切れない紆余曲折と試行錯誤を経て、結局望むものを叶える。この映画は今から5年程度、あなたの中長期的な夢や目標を叶えていく映画だ。あなたは失敗もするし、そこから学んで、再び挑戦もする。その過程を目にしている。

今、あなたを邪魔する人は誰か。あなたを阻む状況は何なのか。今から5分間、そのシーンをつまびらかに描いてみよ。あなたはどんな波乱万丈を見ているか。あなたを妨害する人々を説得すると、説得は成功を収め、彼らの心を動かした。もうあなたは何事も成せる人だ。あなたを阻んでいたあらゆる人と状況は、これ以上あなたを苦しめることはできない。むしろ彼らは、あなたを応援するパートナーになった。

この映画は、クライマックスに差し掛かっている。あなたも知っているように、どんな映画でも、主人公はクライマックスに近づくと、巨大なパワーを得て、望んでいたことすべてを成し遂げる。真に強くなったあなたの姿を見よ。どんな姿をしているか。全身で感じられる感覚を総動員して、成功したあなたの姿を感じるのだ。泣きたければ泣き、笑いたければ笑う。叫びたければ叫んでもいい。ここで重要なのは、あなたのすべての感覚がこの瞬間を記憶し、潜在意識に植え付けられるということだ。

さあ、今、あなたは自分の人生映画の結末を見ている。多くの紆余曲折にもめげず、遂げたいことを完遂した状態だ。あなたの周辺には何があるのか確認し、感じよ。できると信じよ。どんな家で、誰と住んでいるのか。家はどういう形をしているか。家のベランダ、あるいはテラスに出てみよう。どんな景色が広がっているか。再び、中に入ろう。どんなベッドを使い、リビングはどう見えるか。そのリビングで誰と食事をし、どんな日常を展開しているのか思い浮かべよ。

このように素晴らしい家を手に入れられると確信せよ。夢を叶えたあなたは、誰と共にいるのか。今、見たものすべてが、あなたが描いた理想だ。全身で感じ確信せよ。どんな車に乗っているのか。配偶者と子供はどのような人物か。子供との人生はどれほど幸せか。あなたの子供はどんな学校に通い、どんな勉強をしているか。

あなたの夢を叶えるために力を貸してくれた人は見えたか。初めにあなたを疑い、軽蔑していた人々も、今ではあなたを応援している。成功直後にあなたは誰と一緒にいるのか。どんな友達らと共にいるのか。誰があなたの夢を叶えるにあたり協力してくれたのか、必ず記憶せよ。そして心の底から、感謝の意を表せ。あなたの心の中にある、その一言を口にせよ。共にいてくれてありがとう。夢の実現に向けて協力してくれて、本当にありがとう。私をあらゆる場面で支えてくれてありがとう。両親に感謝せよ。

あなたも愛する人たちから聞きたい言葉があれば、聞いてみるといい。あなたは誰からどんな言葉を聞きたいか。あなたが愛する人々は、あなたが聞きたいと切望していた話をしてくれるはずだ。お疲れ様。よくやった。ありがとう。生まれてきてくれてありがとう。うまくいかないなんて言って、本当に申し訳ない。見下したりしてごめん。ついにやったのか！　本当にすごい。誤解してすまん。自分のほうが誤解していた。本当に頑張ったな。達成したんだな！　素敵！　最高にかっこいい！

さあ、目を開けよ。ノートにあなたが聞きたかった言葉を書き留めよ。あなたの映画を1行に要約し、快活に書き記すことが重要だ。その横に、いつまでに実現させるのか、3年だろうと、5年だろうと、10年だろうと構わないから、あなたが考えるその日を、年月日まで細かく書くのだ。そして、あなたがこの夢に近づくために、やめるべきことを3つ記せ。満たすことはやめ、まずは空にせよ。また三日坊主で終わりたくないなら、まず捨ててから満たせ。

次に、夢を達成するために、必ずすべきことを3つ記す。そして自分を邪魔する人をどう説得し、味方につけるのか書き留めよ。〈映画監督の視覚化〉でどうあなたを支持するように変えたのか、思い起こせ。そして自分を愛する人々から聞きたい一言が何だったのか書き出せ。最後に、成功した自分の姿を見た気持ちを整理して記録せよ。

成功した自分の姿を見た瞬間の感情は本当に重要だが、これを潜在意識に記憶させることが鍵となる。どれほど幸せだったのか、どれほど熱い喜びを胸に抱いたか、あなたの言葉で整理せよ。あなただけの映画の完成を心から祝福する。これからは、ほんの小さなことでもいいから実践し、行動で示せ。

視覚化③：朝の視覚化

〈朝の視覚化〉は眠りから覚め、目を開けるや否や行う視覚化だ。今日1日をもっとも理想的に過ごすための、最初の一歩と考えれば容易に理解できるだろう。

朝に目を開けたら今日がこれ以上ないくらい理想的に事が進んだ場合の自分の姿を想像する。〈映画の視覚化〉と似ているので、同じ方法で実践すればいい。〈映画の視覚化〉は人生そのものに関わる目標を決めて実践する。しかし〈朝の視覚化〉は、今日1日についての部分だけを視覚化すればいい。一つアドバイスがあるとしたら、寝る前にスマートフォンを手の届かないところに置くことだ。そうでないと、目を開けた途端、スマートフォンに手を伸ばす確率が高い。

朝の視覚化の核心は、大きな夢を叶える際に必要な要素を朝に受け入れ、ポジティブな潜在意識を発現させることにある。目標に向かうにあたり、いくつかの要素を根本的に断ち、人生を健全なエネルギーで満たすのだ。ただし、あらゆる視覚化を一度行ったぐらいでは、効果が現れるものではない。必ず毎日、1日を始めながら実践してほしい。そうすれば、自分でも知らないうちに、蓄積された不純物をデトックスし、そこに新たなものを満たせるようになる。

〈朝の視覚化〉は、今日1日をあらかじめシミュレーションすることだ。今日すぐにすべきことの優先順位をつけるのに役立つ。そうすることで、今日1日を効率的に、成功へ導く力が出てくるはずだ。

視覚化④：緊張の視覚化

「満たすこと」の最後は〈緊張の視覚化〉だ。〈緊張の視覚化〉は、もっとも順調に進んだ時に、あるいは本当に重要なことを目の前にした時に実施する。自分の夢がどんなふうに叶えられているのか。どんなふうに流れていかないといけないのか、これらを視覚化する。もしも緊張したり、重要な局面に接したりしたら、1分間、目を閉じ、自分が望むもっとも理想的な方法で仕事を進める姿を描け。

たとえば、大きな契約があるなら、顧客と自分が良い方向に質問を投げ合い、悩みを解決し、契約書に署名するところをイメージする。笑いながら握手で終えるシーンまで視覚化したうえで、実際に会議に入れば、良い成果を収められる。

プレゼンテーションや講演を目前にしているなら、緊張で震える姿ではなく、講堂で感動的な講演をしている姿を想像せよ。講演に参加した人々の人生に変化を起こすほど熱狂的なシーンを想像できるかもしれない。心が不安になる時は、すぐに目を閉じ、前途多難でも自分がいちばん望む方向へ人生が流れていく姿を想像せよ。大きな力となるだろう。

小さな目標やプロジェクトがあるなら、必ず〈緊張の視覚化〉をしてほしい。何より多様な方法で証拠となる写真などをアップすれば、効果は倍増する。いくら良い洞察を得ても3日経てば曇り始めるから、必ずすぐに実行に移すことを忘れてはいけない。これを知っている人々は、私のインスタグラムに三々五々集まり、挑戦を共にしている。

視覚化⑤：ブラックホールの視覚化

ここからは、「空にすること」の視覚化だ。〈ブラックホールの視覚化〉は、母親のお腹の中にいた時から持っていたネガティブな潜在意識を捨てるプロセスだ。

今までの視覚化は、歩みたい道についての視覚化だった。しかし、これだけでは潜在意識から噴き出すネガティブなアルゴリズムをコントロールできない。このネガティブなアルゴリズムを変えられなければ、目標へ向かう道は険しい。この視覚化はアルゴリズムを改善するために必要不可欠だ。

集中すべき時、あなたの道を阻む邪魔な要素の数々があるとしたら、その都度〈ブラックホールの視覚化〉を行う。〈ブラックホールの視覚化〉をきちんと活用したいなら、年代別に記憶と感情を捨てなければならない。たとえば、あなたが40代なら、10代、20代、30代までの記憶と感情を捨てる。この時、記憶だけに留まらず、感情も一緒に捨てることが肝心だ。お金と富に対するネガティブな記憶と感情もこの方法で捨てることができる。

電気を消し、楽な姿勢で目を閉じる。安定した精神状態で想像を膨らませないといけない。あなたは今、「夢を叶えられる」というモチベーションに溢れた状態だ。一生懸命生きようと誓ってから数日が過ぎた。

あなたは今、街に向かっている。車がスピードを出して走る交差点に立っている。信号機が赤から青に変わった。4車線道路を渡るため、足を踏み出し歩き始める。横断歩道の途中あたりに差し掛かった時、ダンプトラックがあなたに向かって来た。あなたは悲痛な叫びと共にそのダンプトラックにはねられ、粉々になった。車はそのまま逃げた。あなたはその場で即死した。あなたは魂となり、すでに潰されてしまったあなたを見下ろしている。血まみれになり、ほとんど原形を留めていないあなたを、人々が見守っている。

すぐに救急車が到着し、あなたの周りは黒山の人だかりとなった。しかし、あなたはすでに手がつけられないほどばらばらになっている。その複雑な状況をしばらく眺めている。救急車はあなたを乗せて病院へ急ぐが、あなたはすでに息を引き取っている。

あなたの魂は今から愛する人々のもとへ向かい、最後の別れをする。最愛の人は、今、何をしているか。その人々に近づき、「自分はもう死んだ身で、自分の肉体は病院へ向かっているけれど、別れの挨拶をしに来た」と言うのだ。両親、配偶者、子供、友達と別れの挨拶を告げよ。

愛する人に、「自分はもうこの世にいない。今までありがとう」と伝えよ。両親に感謝の心を伝えよ。配偶者には、「自分を選んでくれてありがとう」と伝えよ。子供がいるなら、娘や息子に、「生まれてきてくれてありがとう」と伝えよ。愛する人へ、「先立って申し訳ない。あなたを置いて先に逝くことになり、本当にごめん」と伝えよ。

葬儀が行われている。魂となったあなたは葬儀を見守っている。葬儀場には誰が来たか。誰があなたの死をもっとも悲しんでいるか。あなたは彼らの思い出にどんな姿として残るか。両親はあなたをどんな子だったと覚えておくか。配偶者はどうか。子供はあなたをどんな親だったと記憶するか。他の親戚らはどうか。あなたは式場を見守り続ける。

もう随分と時間が経過した。あなたの魂は天高く昇った。住んでいた街が一望できる。あなたがいない街は、相も変わらず動いている。しばらく見つめ、今度はもっと高く昇って、地球の外へ出る。あなたがいなくても、地球は昨日と全く同じ動きをしている。

すぐ目の前にブラックホールがある。ブラックホールは宇宙の掃除機だ。宇宙のあらゆるゴミが吸い込まれ、影も形もなく永遠に消え失せる。それが何であれ、掃除機に吸われるようにひゅっと吸い込まれる。あなたは今、地球での記憶を思い浮かべている。とても幼い頃のことを考えている。今からあなたの思考をブラックホールが全部吸い込む。あなたの幼い頃がブラックホールに吸い込まれる。どんな思考でも、思い浮かべさえしたら、ブラックホールにひゅっと吸い込まれる。今から3分間、あなたの小学校入学前までの姿を思い出し、ブラックホールへすべて捨てよ。

ブラックホールは、未だに見たことのない、あらゆるネガティブなものを吸い込んでいる。まず、小学校以降のすべての時間が思い浮かぶ。その写真上に、良い、悪いなどの感情や記憶が蘇れば、すべてブラックホールに吸い込まれていく。今から3分、小学校時代のあらゆる写真が思い浮かぶたびに捨てよ。今回もあなたが未だ目にしたことのないあらゆる記憶は、ブラックホールがひゅっと吸い込まれる。無意識の中に残っていたあらゆる写真も吸い込んだ。もうこれ以上あなたの人生には幼年時代と小学校時代の写真に埋め込まれた余計な感情のようなものはない。

では10代後半、高等学校までの写真の数々を思い出してみる。思いを馳せる写真は、ブラックホールの中に吸い込まれ、永遠になくなる。次には20代になる前までの、すべての写真をブラックホールがのみ込んでしまった。さらに20歳から30歳になるまでの写真を見ている。20代の写真をすべてブラックホールが吸い込んでしまった。あなたが未だに見ていない写真まで、すべてのみ込んでしまった。30代、40代、50代、あなたがそれ以上の世代であっても、同じ要領でブラックホールに人生の写真を全部捨ててしまうのだ。もはやこれ以上写真に関する感情はなくなった。

今まで生きてきた間の写真はブラックホールの中へすべて消え去った。あらゆる記憶はブラックホールの中に吸い込まれ、これ以上、何の感情も残っていない。ものすごいパワーを持った宇宙の掃除機から巨大な箱が現れる。その箱にあなたの人生のすべての写真と動画をぐっと押し込める。感情も一緒に押し込める。

自分が間違えていたという気持ち、うまくできたという気持ち、喜び、悲しみ、成功や失敗の気持ちまで全部を箱にしまう。そして最終的に箱に爆弾を括りつけて閉める。ブラックホールの中で、箱がパンと爆発しながら、痕跡も残さず消え去った。あなたの無意識と潜在意識にはもう過去の写真と感情はない。

あなたは今、明るく清らかな魂に生まれ変わった。あなたの潜在意識も白紙状態だ。そして、交通事故でこの世を去っていないのならば、もっとも理想的に生きる自分の姿を想像せよ。30代、40代、50代、60代に、あなたはどんな人生を歩んでいるのか。せっかくだから100代まで思いを馳せよ。

何の後悔もなく、幸福な人生を生きている。来るべき時に、愛する家族を前に安堵してこの世を去る。もともと宇宙から来たあなたの魂は宇宙へ帰る。100年が流れた。1000年が流れた。この地球であなたが生きていたと記憶している人は誰一人としていない。1万年が流れ、億万年が流れた。そっと目を開けよ。

〈ブラックホールの視覚化〉を一度行ったところで、すべてを消すことができるわけではない。ただ、頻繁に行うほどに、心の底にあった写真が浮かび上がってくる。自分でなぜこんな癖があるのかわかるようになり、なぜこのように生きてきたのかを理解するようになる。従って、〈ブラックホールの視覚化〉を行うほどに自分の人生を妨害するあらゆる要素を取り除くことができるのだ。コンピュータに蓄積された、役に立たないメモリーとファイルが整理されるのと同じで、頭が軽くなり、脳の回転も速くなったと実感するだろう。

〈ブラックホールの視覚化〉を実践していなかった頃、私はしきりに思い出してしまう不必要な思考に苦しめられた。考えようとしたわけでもないのに、考え続けてしまうのだ。また貧乏になり、また事業に失敗するのではと心配は尽きなかった。しかし、今はそんな考えは全く心に浮かばない。〈ブラックホールの視覚化〉を続けてきた成果だ。これは2、3年程度修行するつもりで決心し、始めてみるといい。私もそのように実践した。

視覚化⑥：夜の視覚化

〈夜の視覚化〉も〈ブラックホールの視覚化〉と同様、「空にする」プロセスだ。〈ブラックホールの視覚化〉と似た方法で実践すればいい。ただし、毎晩、1日を終える時点で行う。これが相違点だ。〈ブラックホールの視覚化〉が、過去の人生のあらゆる雑念を無くすものだとしたら、〈夜の視覚化〉とは、今日自分に起きた考えや感情をすべて空にするものだ。

毎晩、1日を「空にする視覚化」を行った後、翌朝、起床からの1日を理想的に過ごすための〈朝の視覚化〉を行う。すると、あなたが望む人生にぐっと近づく。

〈ウェルシンキング〉の真髄である〈6つの視覚化〉の方法をすべて紹介した。視覚化は文字で慣れ親しむのは難しい。実際に実践しながらその感覚を身につけるしかない。視覚化を通して見てきたあなたの善なる夢は、きっと叶うはずだ。しかし夢を叶えたいなら、必ず集中し、コツコツ行動に移さなければならない。つまるところ、目標を明確にするのも、ぼやけさせるのも、あなた自身だ。

さあ、夢や目標が生じたら、未来の青写真をイメージしよう。イメージ通りになるには決断が欠かせない。本当に信じられるから信じるのではなく、これを信じるのだと決断するフルパワーで突き進まなければならない。信じ切るまでには、非常に多くのことを消耗する。だから、とりあえず信じてみることで実現させよ。あなたの中に潜むネガティブなものを追い出し、あなたが望むその場所に必ずや到達できるよう、応援している。

1 00日続けてみよ！

2020年、想像を絶する新型コロナウイルスの拡散で、講演の予定がすべて水の泡になった。韓国で1000人、フランスで300人、英国で200人を対象に企画していた講演が、パンデミックを懸念しキャンセルになった。人生に疲弊していた大勢の人のモチベーションアップを図ろうと、渾身の力で準備したものだった。残念な気持ちは計り知れなかった。これが経済や経営に関する講演なら、延期することで気持ちをさっと切り替えられたものの、心の片隅に巣食ったやるせなさがずっと私を苦しめた。このままでは終われない。そう思った。だから自分が身につけた力、〈ウェルシンキング（wealth［富］＋thinking［思考］）〉をインスタグラムでシェアしようと決めたのだった。

「自己啓発の名言」プロジェクト

初めは、若者の英語学習でも手伝いながら、自分の思考パワーもしっかり確立しようと思っていた。そんな動機で英語の名言を使った自己啓発の文章を100日間アップしようと決めたのだ。最初は楽しめた。ところが、すぐに難題に直面したのだ。インスタグラムのプラットフォームの特性上、カードニュース形式の画像がメッセージ伝達には効果的だったのだが、私はそれを一度も作ったことがなかった。画像ツールを扱う私の姿は、まるで初めてお箸の使い方を学ぶ幼児そのものだった。なかなか慣れず苦労した。それでも完成した画像と一緒に「自己啓発の名言」をアップするたび、この上なく胸が熱くなった。

ある日、コンピュータ音痴の私がカードニュースを作っていると知ったある人物が、親切にもメッセージを送ってきてくれた。日々、私が書いた文章で勉強しているが、もっと学習を深めたい。そこで、もし私が文章を書いてくれるなら、自分がカードニュースを作ってアップするという内容だった。善なる意図で始まったアクションに、さらなる善が発揮される瞬間だった。新型コロナウイルスで風前の灯火だった思考パワーの講演が、返り咲いたのだ。「自己啓発の名言」の紹介はこのように始まり、自分が抱いていた残念な気持ちも次第に薄れていった。

決行した100日プロジェクトが終盤を迎える頃、大勢の人が、朝6時半にアップロードされる「自己啓発の名言」を心待ちにしていると知った。ささやかな真心で始めたことが、一人一人の心に届いた結果だった。

私の発信するメッセージに意味を見出してくれた人のためにも、「自己啓発の名言」を中断してはいけないと考え、100日を完走した後、今度は一人で文章をアップし始めた。再びコンピュータ音痴の奮闘が始まったのだ。至誠天に通ずというが、天もこんな私の努力をけなげに思ったのだろう。より大勢の人に助けられた。〈ウェルシンキング〉のためのチームが組まれ、さらに100日延長することができた。

何の見返りも求めず、自分の才能を惜しげもなく差し出してくれる人々に大きな感銘を受けた。彼らが必ず成功を収めることを願い、私は「自己啓発の名言」プロジェクトを続行した。

時折、ケリー・チェの〈ウェルシンキング〉を100日間、1日も欠かさず学ぶことが重要かという質問を受ける。そのたびに確信を持ってこう答える。

「もちろんですとも。とても重要です！」

なぜか？　人間の潜在意識を完全に変化させようとするなら、最低でも100日ほどは、1日も欠かさず学ばないといけないからだ。私がすでに成功した人々の方法を完全に自分のものとしたように。〈ウェルシンキング〉を完全に自分のものにするには100日続けることが大事だ。100日という数字が重要な理由は、習慣は7日目頃から体に染み込み始め、100日で完成するからだ。

人は3秒ごとに一つ思考する

望む目的地に到達したいなら、潜在意識を変えなければならない。2002年にノーベル経済学賞を受賞したダニエル・カーネマンによると、人は3秒ごとに一つの思考をし、1ヶ月に60万の思考をするという。1日を3秒単位で分けると、1日に約

2万9千もの思考が生まれるわけだ。しかし、24時間のうち3分の1は睡眠時間だと仮定すると、約2万の思考が生まれる計算になる。専門家には、1日に7万の思考をすると言う人もいる。

人は、自分自身が意識の主体となり、考えをコントロールしている、自分の思い通りに生きていると信じている。しかし、3秒ごとに浮かぶ思考のほとんどは、自身が以前目にしたものや経験したこと、つまり潜在意識の中にあるものだ。それらが顕在化する。経験からもたらされ、3秒ごとに浮かんでくる思考が重要なのは、この思考が送るメッセージによる。そのメッセージが悪の思考なら、未来についての不安なら、あきらめの念なら、どうだろうか？　人生の結果は火を見るより明らかだろう。

より見逃せない事実は、1日に浮かぶ2万の思考のうち、ポジティブで未来志向のメッセージが90％だとしても、残りの10％のネガティブな思考が90％の良い思考をのみ込んでしまうということだ。自分でも気づかないうちに、人生を蝕み、目標から自分を遠ざける。よって成功するためには、ネガティブな潜在意識をポジティブなものに変化させなければならないのだ。

100日間、ポジティブな未来志向に集中すれば、十分に人生を変化させられる。

1ヶ月間に思い浮かぶ60万の思考をコントロールできるようになるからだ。ポジティブ思考で人生に変化を起こすこと、これが富者の思考パワー、すなわち〈ウェルシンキング〉だ。

自分への〈信頼〉と〈確信〉で身を固めよ。あなたが信じようとすることを信じ、100日間訓練すれば、奇跡は起こる。知り得ない原因のせいで、あれほど信じられなかった自分自身への信頼感が溢れ始める。そうなると、目標を達成できるという確信がだんだん強まるのだ。

初めは、思考だけで人生に変化を起こせるのかと疑問を抱くかもしれない。だが、日々少しずつ成長を重ねれば、100日後、どんなことにも揺るがない根が人生に張ることだろう。今、辛くて厳しいと落胆したり、気を滅入らせたりしなくていい。〈ウェルシンキング〉がどれほど強いのか悟り、実践すれば十分乗り越えられる。

前向きな自己暗示をせよ！

人生には多少、意地悪な部分がある。だから相当な努力や献身をもってしても簡単に夢を見させてくれない。息が切れそうになっても、何が何でも、がむしゃらに目標に到達しようとする者には、喜んで夢を見せてくれるのだ。生きるということ、不可能に挑戦するということは、人生の性悪ないたずらに打ち勝つということだ。

小石一つない平らな人生はない。予想だにしない不幸が相次ぐこともある。思わぬ噂が人々の口に上り、今までの人生を否定されたりもする。最初の1、2回は素知らぬ顔で乗り越えられても、悪い状況に振り回され続けたら意志さえも失いかねない。状況が悪化するなら、我々はむしろ、より一層人生に愛着を持つべきだ。自分に与えられた運命を謙虚に受け止め、次の一歩を準備しなければならない。生き抜くんだという意志、この強烈に熱い意志を持つ者には、驚異の力が備わる。短い人生ではあるが、私が生きてきた道を振り返れば、これは自明の理だ。

私はセーヌ川ですでに一度、この世を去った。とても状況が良くなると思えない私を、経済的にまた立ち上がらせてくれた人もいなかった。一度きりの人生、いい暮らしをしようと努力した日々。それらを完全否定された気分だった。よりによってどうして私にこんな試練が与えられるのか、これだけ数ある人の中でなぜ私なのか、心底憤った。そうして自分を責め続けて2年、もうこれで終わりと思った瞬間、たった一つのきっかけで自分の人生は完全に変わったのだ。

「自分のための人生ではなく誰かのための人生を生きよう」

考え方を変えただけなのに、まるで生まれ変わったかのような気分だった。それからは、ネガティブな感情に縛り付けられることはなかった。むしろ私のほうがネガティブな感情を縛り付けてやった。赤ん坊が自分の誕生を告げながら世界に咆哮するように、私は世界に向けてアファメーション（前向きな自己暗示）を始めた。

「できる。できるんだ。私には、なんだってできる！」

全宇宙を取り巻くプラスのエネルギーが私に押し寄せた。精一杯アファメーションをすると、生き生きとした気持ちが溢れ、力強いエネルギーが漲《みなぎ》った。それからは、夢が叶うかどうかの検討などしなかった。ただ「できる」という強い信念でアファメーションを行った。これは小説にある荒唐無稽な話ではない。死の淵からまた立ち上がった私の体験談だ。そして、スーパーマーケットの一角から始まったケリーデリを、世界的な企業へ成功させた秘訣でもある。

富者は前向きな自己暗示の実践者

私が出会った富者らはアファメーションの大家だった。自分の信念と目標を実現させるためのツールに、アファメーションを活用していた。長期にわたり成功し続けた富者らは、運動、瞑想（視覚化、デイリープラン）、読書、感謝日記（〈宣言〉及びアファメーション）のうち、一つ以上の習慣を持っていた。

トーマス・C・コーリーの著書『習慣が答えだ（Change Your Habits, Change Your Life: Strategies that Transformed 177 Average People into Self-Made Millionaires）』において、自力で成功した富者のうち50％以上は、毎日、業務開始3時間前に起床し、なんらかの自己啓発を実践すると強調されている。自身のライフスタイルが朝型でも夜型でも関係ない。〈アーリーバード（Early-bird）習慣〉が成功を呼び起こすという意味だ。〈アーリーバード習慣〉とは「朝早く起きる鳥が虫を捕まえる」という諺に由来しているが、ここでは単に勤勉なことを指すのではない。真意は、1日を始める前に自己啓発を実践すれば成長するということだ。

人は、自分に与えられた境遇を、簡単に変えられないことをよく知っている。そのくせ、内心では、簡単に変われればと願う。しかし外部的な要因で自分の境遇や出来事が変わることを期待するのは、何の努力もせずに天運に任せることと同じだ。待つだけでは、あなたが望む人生は決して手に入らない。人生に対して能動的な姿勢を取り、目標を達成しなければならない。それゆえ、あなたの境遇を変えられないなら、あなたの内面を変えて、境遇に対する考えを改めよ。

1日の始まりのアファメーション効果

今日を始める前に、ポジティブなアファメーションを実践する。そうすれば外部の影響に惑わされない。内面をポジティブな状態にして1日に臨めば、仕事の全工程がスムーズに感じられるからだ。何より、困難が迫っても、それを成長の一部と捉え、しかるべきプロセスと受け入れることができる。非常に重要なポイントだ。同じ水でも、牛が飲めば牛乳となり、蛇が飲めば毒になる。困難は同じでも、どのような姿勢で受け入れるかによって、その結果は変わる。「困難を当然と思うこと」これがまさに朝のポジティブなアファメーションが生むパワーだ。

〈ウェルシンキング〉でアファメーションを行うのは、「引き寄せ」の真髄だ。朝にポジティブなアファメーションをするだけでも、潜在意識と信念にものすごい変化をもたらす。大切なのは心持ちだ。アファメーションのたびに、その通り叶えられるという信念を持つ。そして、それをイメージしながら身体中で感じなければならない。あなたの潜在意識の中に深く染み込むように、没頭した状態をキープする。〈ウェルシンキング〉の中枢にある視覚化は、アファメーションに端を発している。

最後に、富を創造する人生のための21のポジティブなアファメーションを整理した。まずは100日を目標に始めよ。毎朝、1日を始める前にそれぞれのアファメーションを2回ずつ繰り返す。そうすればあなたも知らず知らずのうちに、内面の世界と向き合うことになるはずだ。アファメーション後に感じたことを文に残してもいい。100日後、あなたの胸に響くメッセージが残ったなら、そのまま利用すればいい。あなたが望む未来の姿を、アファメーションで補い膨らませ、発展させるのも大切なことだ。

あなたの人生で富者になれた瞬間は必ずあったはずだ。それがチャンスだと知らなかったから、ただ通り過ぎてしまったのだろう。もしかしたら今、この瞬間もあなたが富者になれる、またとないチャンスなのかもしれない。そう、富を引き寄せる者、〈ウェルシンカー（Wealthinker）〉になれる瞬間だ。アファメーションはあなたの人生の均衡を保ち、健全にしてくれるだろう。潜在意識の中にアファメーションが浸透するほど、富者になるのは時間の問題だ。

アファメーションのパワーがわかったあなたは、富者としての新たな人生を歩み始めたといえる。
富を叶えるにあたりもっとも大きな障害物は、あなたの意志だ。潜在意識の中のネガティブな心象を信じて従えば、あなたの行く末は貧者に近くなるだろう。だが、あなた自身を信じアファメーションを始めれば、潜在意識もまたポジティブな効果を発揮するはずだ。

あなたの熱いアファメーションを力強い意志で信じ、推し進めよ。

朝のアファメーション

1 今日も面白く楽しい1日が始まった。
2 今日も自分が望むあらゆる善行をなす。
3 私は成長している。
4 私の人生は、より良い方向に流れている。

5 私には勇気がある。
6 私は富者だ。
7 私は幸福な人だ。
8 私はポジティブ思考の王だ。
9 自分にはすべての問題の答えを探せる知恵がある。
10 私は自分の夢に少しずつ近づいている。
11 私は行動する人だ。
12 私は一度すると決めたら実行する人だ。
13 私は今、自分に与えられたものだけでも
自分の人生を最高にできる知恵がある。
14 自分の人生を楽しんでいる。
15 引き寄せ法を熟知し実行している。
16 自分が望むことを引き寄せられる。
17 ありのままの自分が大好きだ。
18 1日をいい習慣で満たしている。
19 夢を叶えるのに十分な資質を持ち合わせ、

十分に賢く、十分に健康で、十分に勇気がある。

20 あらゆることに感謝する。

21 あらゆることにお礼を言う。

〈宣言〉に〈宣言〉を重ねよ！

２０２０年、アメリカ西部カリフォルニア州にあるドミニカン大学カリフォルニアで面白い研究結果が発表された。文字で書かれた目標がどれほど重要かについてだった。もともとは動機付け関連の講演や書籍によく出てくる話を検証するための研究だった。だが、もっと有用な結果を導き出したのだ。まず、研究陣は文字にして書いた目標の達成レベルに関する研究に先立ち、実験に参加した１４９名をアトランダムで５つのグループに分けた。そして４週間にわたりプロジェクトを進行した。５つのグループの特徴は以下の通り。

1 目標を文字で書かなかったグループ
2 目標を文字で書いたグループ
3 目標を文字で書いて宣言したグループ
4 目標を文字に書いて知人に宣言したグループ
5 目標を文字で書いて知人に宣言し、全過程を共有したグループ

結果はどうだっただろうか？　目標を文字にしなかったグループより、文字で書いた4グループの平均達成点のほうが圧倒的に高かった。単純に目標を書くことで終わらせず、さらに知人に周知して推進する過程を共有した5番目のグループは、最高点をマークした。研究陣は、文字と目標の相関関係を認め、文字で書かれた目標は、達成する上で、より効果があると結論付けた。

目標は文字で書き記す

私は目標達成のプロセスにおいて、書き記すことを非常に重視している。目標を文字で書かず、行き当たりばったりで努力することは、船を曳き海に出る船頭が、無計

画で出航するのと同じだ。そんな船頭が果たして目的地にきちんと到着できると思うだろうか？

目標を文字で書くということは、人生のマイルストーンを置くということだ。我々は短い距離の往復でさえナビゲーションで方向確認する。にもかかわらず、文字に書くこともせずに、どうやって目標へ向かおうというのか？　先の研究結果で見たように、意識上、目標を文字で書くことは非常に大切だ。必ず通らなければならない道といえる。

「でも、どうやって書けばいいんですか？」

〈ウェルシンキング〉の講演で、目標を書くことの大切さを強調すると、書くことそのものを負担に感じる人が多く見られる。私も苦労したので、大いに共感できる。文を書く仕事に直接関わっていない限り、普段特に文字を書くことはあまりないからだ。しかし、〈ウェルシンキング〉の全般的な意味と秘訣を知ったあなたになせないことはもうない。文字を書くことも一種の筋肉トレーニングだ。書けば書くほど文字を書く筋肉がつき、負担が軽減される。だから内容を気にすることなく、とりあえず書いてみるしかない。

書くことで見えてくること

フリーライティング（Free-writing）とは、文字や正書法に気を使わず、書き進める方法だ。これはブレインストーミングと似た要領で行えばいい。形式にとらわれず、頭の中から流れ出る思考と感情を、ありのままに紙に書き留める。最初は10〜15分程度続けて、自分の思考と感覚を文字に起こせ。止まることなく書き続けるのがポイントだ。

初めは論理的構成も取れず、文も奇妙に見えるだろう。しかし、これは単に思考の断片にすぎない。あまり気にせず、心の中で起こっていることをすべて吐露せよ。書き続けていると、あなたを支えていた思考の根の数々が見えてくる。作家が心理的要因で文章を書けなくなった際、それを克服するためによく使う方法だ。

フリーライティングのメリットは、文を書くことに対するプレッシャーを減らすと同時に、実力を向上させながら潜在意識を活性化することにある。潜在意識を活性化することは、より多くの可能性を得るに等しい。潜在意識の活性化は富と直結するため、文章を書くことは避けて通れない。

文字で書いた目標は、読み直して整理する過程で、あなたが直面した障害物を認識しやすくする。それに気づくことで、視覚による心の浄化を促し、感情を収めることができる。まるで瞑想のような効果を得られるのだ。視覚化とアファメーションのように、文を書くことも日々実践してほしい。

ヴィジョンボードを作る――マイルストーンの視覚化

文章で心を固めたら、ヴィジョンボードを作る番だ。ヴィジョンボードは、文章と画像、写真などを組み合わせた、夢と目標を成し遂げるのに役立つツールだ。ヴィジョンボードが重要な理由は、頭と心の中だけにある目標を具体化できるからだ。我々の潜在意識の中に混在する欲求や価値、目標を区別するには、文章を書くことと、ヴィジョンボードというツールが必要なのだ。

ヴィジョンボードの作り方は色々だ。あなたは〈ウェルシンシンキング〉を通して真の富者になる方法をすでに理解している。ゆえに、それに合ったヴィジョンと具体的な望みを記入するといい。

ヴィジョンボードは、マイルストーンを視覚化したものだと思えばいい。だから、グラフ、写真、新聞、ロールモデルのポストカード、ステッカーなど多様なアイテムで構成すると尚いい。ヴィジョンボードが完成したら、あなたの生活の動線を事細かにチェックし、よく目につくところに置いておく。日常生活でヴィジョンボードを常に確認し、潜在意識の奥深くに目標を埋め込め。

〈宣言〉することで自分に集中する

今一度ドミニカン大学カリフォルニアの研究結果を思い出そう。5グループに分けた基準に、何か見慣れた単語を目にしなかったか？　もし一発で見抜いたなら、あなたは立派な生徒だ。気づかなかったなら、私が師匠として力不足なまでだ。

その通り。〈宣言〉だ。すでに〈宣言〉のパワーについては力説した。時々〈宣言〉に何の意味があるのかと疑問視する人がいる。目標を語ることと、目標を叶えることに何の関係があるのか、と。これは〈宣言〉の真の意味を知らないから言えることだ。

「宣言する」は英語で「Declare」と書く。Declare は強調を意味する接頭辞「de-」と

「明確な」「混じり気のない」を意味するラテン語である「clar」が結合して誕生した単語だ。すなわち、立場をはっきりさせるということ。だから〈宣言〉とは、直面している状況についてはっきりと告げることで、あらゆる流れを自分へ呼び込むものなのだ。〈宣言〉は聞き手が必要なので、関係志向的とも言える。内的に固めた自分の明確な意志を、外的に公表することで力を発揮する。

文字で書いた目標の達成効果の研究では、目標を文字で書いただけではなく、知人に宣言して過程を共有したグループの点数が高かった。これは、まさに〈宣言〉に起因する。知人に〈宣言〉することで、自らを、目標に向かう次の行動を起こさずにはいられない状況に仕向けたのだ。何より〈宣言〉を聞き、目標達成の過程を共有された知人は〈宣言の証人〉になった。つまり、同じ船に乗った運命共同体だ。このように、自分の目標を〈宣言〉するということは、散らばっていた宇宙のあらゆる気を自分に集中させることなのだ。ゆえに〈宣言〉に〈宣言〉を重ねよ。

あなたのヴィジョンボード通りに実現できるよう〈宣言〉し続けよ。

子に伝える〈ウェルシンキング〉

世界旅行をしていた時のことだ。フランスで出会ったある老婦人に、人生で悔いていることはあるかと訊いた。老婦人は考えると、一つだけ後悔していることがあると明かした。お金をたくさん稼げなかったとか、他人にあまりにも気を使って苦労したといった自分自身を憐れむ内容だろうと予想した。ところが私の予想は見事に外れだった。

「二人の息子に勉強しなさいと言って、毎日、口喧嘩したことよ。たまらなく後悔しているわ」

学校の勉強があまりにも嫌いだった二人の息子は、老婦人をいつもいらいらさせた。勉強のできない子供と烙印を捺され、落伍者になることを心配したのだ。彼女の心配は、間違いなく子供を愛する親心からきている。しかし子供たちにとっては小言でしかない。子供たちが高等学校を卒業するまで、日々怒鳴り声が飛び交ったという。

老婦人は、もしもあの頃に戻れるのなら、子供たちに勉強を押し付けたりしないと付け加えた。そして心から好きなことをする手助けをし、応援しながら息子たちと幸せに暮らしたいと微笑みを浮かべた。予想外の答えに、胸が熱くなった。

何をおいても子供がいちばんと言われる韓国の親たち。私は全世界を回ってきたが、韓国のように子供を愛重する国はないように思えた。だが、子育ては簡単なことではない。最善を尽くすけれど、親にとっても初めての経験だ。子供への接し方がうまくいかないことも多い。こんな親心を子供にわかってもらいたいというのが本音だが、むしろ親子の距離が遠のくのが常だ。

両親からもっとも聞きたい言葉とは何だろうか？　ある記事によれば、子供たちが聞きたい言葉は「愛してる」「大丈夫」「お疲れ」「よくやった」「ありがとう」など、温かい言葉だった。反対にもっとも聞きたくない言葉は、「勉強しろ」「誰々の爪の垢を煎じて飲め」「お前はなんでそんなに適当なのか」「お前は誰に似て、そんなに情けないのか」などの冷たい言葉だった。これ以外にも様々な例があるが、子供たちが両親から聞きたい言葉は、愛にまつわるポジティブなものだということは想像に難くない。

ドイツ人夫婦に学んだ子供の自立

ヨットクルーズ中のこと。小学生、中学生、高校生の息子3人を連れて1年間の世界旅行をしているドイツ人家族に出会った。子供の教育について情報共有し、アイディアを得たくて会話を始めた。彼らはうちの娘のように、航行しない午前中には毎日ホームスクーリングをしていた。初めの数ヶ月は、進度に合わせて子供たちも勉強を頑張ったという。ところが時間を追うごとに勉強は後回しになり、ついには勉強しろと言うのをやめたそうだ。私はドイツ人夫婦の行動がとても理解できず、理由を尋ねた。

「子供たちは自分の行動に応じた責任を学ぶべきなのです」

この答えを耳にして、教育の新たな境地を見せられたようだった。一から十までお膳立てしないといけない子供たちに責任を求めるとは、本当に衝撃的だった。しかし続く話に思わず膝を打った。

ドイツ人夫婦の考えはこうだった。もしも勉強が面倒なまま学校に戻って留年したら、子供たちは気づきを得るだろう。留年して好きな友人たちと一緒にいられなくなり、本来履修すべきカリキュラムを学べなくなれば、その経験を通して責任というものを学ぶ絶好のチャンスだと言った。私は夫婦の教育哲学に深く感銘を受けた。

実際、私はちょうど入学時期に重なる娘との世界旅行を決心するまで、ひどく悩んだ。しかし、娘には、ただ勉強ができる人になるより、生きる力を自分で見つけられる人になってほしかった。やりたいことをやってみる。見てみたいものを見る。失敗の中に答えを探し、試行錯誤の末に方法を見つける思考力を身につけてほしかった。

幼少期の私もまたそうだった。学校では目立たない子供で、今の私とは似ても似つかない。勉強がよくできるとか、何かに抜きん出た才能があったわけでもない。ただいつも応援してくれた母がいて、勇気を持って生きてきた。それがすべてだった。

冷静に考えてみると、偉大な成功を叶えた人々の過去は、ほとんどの場合失敗に近かった。だが、彼らは冒険心が強く、問題解決のために努力し、自ら立ち上がるのだ。ドイツ人夫婦の言葉通り、自分の人生に責任を取れる力があった。親が子供へ胸を張りたいなら、多くの経験を通して、自立できる力を育ててあげるべきだ。本人にやりたいことがあればその方面へ進めるように道を開いてあげ、戻ってくれば、また受け入れて充電できるようサポートすべきなのだ。人生は嵐の中でもダンスができる術を身につけること（訳註：アメリカの女性R＆Bシンガー・ソングライターであるヴィヴィアン・グリーンの言葉）、という言葉もあるではないか。だからどんな困難にも屈しない姿勢を植え付けてあげるのが、親の役割だと思っている。

ネガティブな思考から子供を守るために

〈ウェルシンキング〉の核心である潜在意識の力と視覚化の重要性を知った親ならば、特に否定のアルゴリズムを警戒しなければならない。ネガティブなイメージは、強力だから、人生のどんな瞬間でも人を苦しめる。あるネガティブ思考が、別のネガティブ思考を呼び込みながら人生を蝕む。実際は怠け者ではなかったにもかかわらず、子供の頃に父が私を怠け者だと見なしたせいで、何事にも挑戦せず、長いこと人生を棒に振ったように。

私がフランスで出会った老婦人のように、子供にネガティブなメッセージを植え付けると、必ず後悔する日が来る。子供は親の鏡だ。親に投影されたままの心象を表出する。従って、子供に対してネガティブな言葉は慎み、愛とポジティブな言葉をたっぷりかけてほしい。

子供の自立を望んでいるか？　親として胸を張りたいか？　もしそうなら、子供に〈ウェルシンキング〉の力を身につけさせる方法をいくつか紹介しよう。

朝のアファメーション

朝のアファメーションの習慣を作ってあげよ。ポジティブなメッセージで潜在意識を満たしてあげれば、子供の人生は変わる。私のユーチューブチャンネルにアップロードした「朝行う子供のためのアファメーション」は、朝、子供たちが視聴できるように作ったものだ。子供たちのアファメーションは、毎朝できるように、あまり長くならないようにする。これを毎日読ませたり、読んであげたりすると効果があるだろう。

ベッドメーキングの習慣化

独立心のある子供に育てたいなら、ベッドメーキングを自分でさせよ。この短時間で行えることを意識的にさせることで、子供は達成感を感じられる。1日を気分よく始められる。ただし、子供にあまり完璧を求めてはならない。乱れた寝具を整え、もとの場所に戻すという、その行為自体を褒めよ。そうすれば、整理整頓がだんだん上手になるはずだ。

理想の1日の視覚化

子供に目を閉じさせ、今日1日をどう過ごせば幸せになれるかを、想像させよ。自分の1日に期待感を持てる子供は、そうでない子供の人生とはおのずと変わる。温かく包み込むようなメッセージを子供にかけながら、ポジティブなアルゴリズムが形成されるようサポートしてあげなければならない。

成長のための行動を一つする

子供と共に成長するためにすべき行動を一つ決める。そしてそれをやり切ろう。様々なことが考えられるだろうが、子供が自ら決定できるまで待つことが肝心だ。子供に悪影響を及ぼしたり、度を超えたりする行動でなければ、受け入れて支持する。1日10分の読書や英語学習、運動などがお勧めだ。この際、両親と子供が一緒にできるものがいい。子供と一緒に成長することは、重要な価値があるからだ。

朝のアファメーションとベッドメーキング、そして視覚化をそれぞれ3分、5分、5分で進める。正確な時間を守れるように、タイマーを利用するのもいい。その時、時間を短くしすぎると、本来の意味が薄れてしまいかねないので注意する。

最初は、子供の好きにさせない。１００日間かけて、習慣化するまでは両親が一緒にすることが重要だ。習慣の重要性をよく知っていると思うが、１００日も経てば、子供が自らできるようになるはずだ。

大切なことは、楽しませること。声と表情に集中し、1オクターブ高く透明感のあるはっきりとした声で、抱腹絶倒しそうなくらい面白く明るい表情を作ってみよう。もちろん子供たちが起きる前に、親もすでにこの3つを終えた状態でなければならない。子供たちを前に、親のアファメーションを共有してもいい。

子供のための朝のアファメーション

1 今日も楽しく期待感の持てる1日が始まりました。
2 私は自分を信じます。
3 私は健康で幸せです。
4 私は学ぶのが好きです。
5 私は十分、頭がいいです。
6 私は素敵なアイディアといい考えでいっぱいです。
7 私は自分が望むことを創り出せる力があります。
8 私は面白くクリエイティブです。

9 私はユニークで特別です。

10 私は自分の未来が誇らしいです。

11 私の人生は楽しく、喜びでいっぱいです。

12 私が私らしいことを誇りに思います。

13 私は安全に保護されて、愛情を注がれています。

14 私は新しい友達を作るのが好きです。

15 私は自分の人生で、良いことが起きて当然の人です。

まずは女性のメンターになった

世界的なメンターを探して勉強し、そのノウハウを自分のものとするために努力していた最中だった。私は子供を産み、大きな悩みを抱えていた。子供のために仕事を辞め、子育てと家庭に専念すべきかという悩みだ。これは、私だけでなく、育児をする母親ならば誰もが突き当たる壁だろう。

だが、大半の男性が書いた成功論には、子育てと個人的な成功を同時に追求する方法は見当たらなかった。颯爽とリーダー役を担い、成功した人々の陰には、大きな犠牲を払った母や妻、女性の同僚など、少なくとも3名の女性がいたはずだと確信している。

男性メンターらの教えは、学ぶべき点も多くある。しかし、育児を引き受けなければならない女性たちのロールモデルと見なすには、難しい点があった。

いつの記事か正確には思い出せないが、韓国国内売上高基準で上位500企業のうち、女性役員が一人もいない会社が328社、65・6%に上ると読んだ。3社のうち2社には、女性が昇進できないガラスの天井が存在しているのだ。

このような現状では、男性メンターの成功ツールを女性たちにそっくりそのまま当てはめるのは難しいと判断した。家事、育児をこなし、内助の功まで尽くしながら、社会の熾烈《しれつ》な競争に勝ち抜けるか？　本当に成功できるか？

あなたが女性ならこの状況をどう捉えるだろうか？
あなたが男性ならこの状況をなんと表現するか？

家庭か仕事か？

私は女性の成功を邪魔するもっとも大きな要因は、女性自身だと考えている。未だに大勢の女性が家庭と仕事のどちらかを選択すべきだと考えている。社会的に成功した女性らは家庭も子供の教育もあきらめたという事例を目にし、そういうものだと思い込まされたのだ。しかし、そんな選択は必ず後悔につながるに違いない。

大成功した人々が死ぬ前に後悔することがあるとすれば「愛する人と十分な時間を過ごせなかったこと」だという。ウォーレン・バフェットは「成功とは、65を超えた年齢で、自分が愛されたい人から愛されることだ」と語った。私は成功と家庭、この二兎を両方得たかった。どちらも決して譲れなかった。両方を適当なレベルではなく、完璧なレベルで成し遂げたかった。そう思ってから、私はこれに見合う女性ロールモデルを探し始めた。

私が出会った女性メンターは、50代の外資系製薬会社専門の経営者だった。夫は大学病院の教授。二人の子供がいて、幸せな結婚生活を送り、自称、二兎を得た女性だった。しかし、子供が小さかった頃、夫から離婚しようと言われて、青天の霹靂《へきれき》だったという。彼女にとっては非常に忙しい時期で、明け方に家を出て、夜遅くに帰るのが日常となっていた。だから家庭と子育てを両立できない彼女に不満を抱いた夫が真剣に離婚話を持ち出したのだった。彼女は深く悩んだ末、二兎を得るために決定を下した。

退勤時刻を決める

彼女は普段、午後5時まで会社の業務に携わり、夜は医者や薬剤師、病院長らと会食があった。だが、10年以上、忠誠を尽くした会社に午後6時での退勤を当然の権利のように要求したのだった。それから、彼女は夜に家族と一緒に食事をし、朝早く起きてお弁当の準備をし、子供たちの成長過程を見守ることができるようになった。彼女は私に、あの日決心したおかげで子供たちのプライドも高まり、娘は弁護士に、息子は判事になれたのだと教えてくれた。

自然に身を任せる

彼女が私に教えてくれたいくつかのアドバイスがある。その中でもこの言葉がいちばん長く私の心に残っている。10年以上経った今でも記憶しているくらいだから、影響力は大きかったようだ。彼女はベストを尽くしながらも、自然に身を任せることを強調した。ただ目標に向かって邁進すること、あるいは家庭だけに専念することは、人生で健全とは言えない。状況や関係に応じて、賢く柔軟に決断すべきということだ。

私は一生懸命働いていても心に焦りが出ると、常にこの言葉を思い出す。「頑張って働き続けるけど、結果は自然に任せて柔軟に受け入れよう」と。それ以来、心が楽になった。

多くの女性ロールモデルが語るストーリーを聞き、直接会い、自問しているうちに、私にも志が一つ芽生えた。女性のためのメンターになることだ。無論、この気持ちに男性を排除し、女性だけを引き立てようという意図はない。現在、「ケリーズ(Kellys：著者と共に善なる影響力を広げているウェルシンカーたち)」には男性もかなり参加しており、自分の立場で善なる影響力を展開している。ただ、当時の私はまず、社会の構造的システムや文化的特徴の中で女性たちの状況をよく理解するメンターになりたかった。このような意志を明確に打ち出そうと、女性が成功するためのメッセージをいくつか提言した。

時間には限りがあるから質を高める

家庭内でも、そして仕事上でも、最高の専門家になるという上昇志向で目標にチャレンジすべきだ。誰の1日も平等に24時間。量より質が重要だという意味だ。もっと長時間、職場に残れなくても、もっと長時間、子供たちと一緒に過ごせなくても、自分が何かをしている時は、ひたすらそのことだけに集中し、質を高めなければならない。

時々、何かを両立するには時間が足りないという悩みを聞く。それは正しい。時間を量的に使いながら二兎を得ようとするのは、非論理的だ。しかし、時間を質的に使えば、その過程と結果は必ず変わってくる。集中と没頭が重要な理由は、まさにそこにある。

自分が居残れない時間に、堂々としていられれば問題ない。成果が良いなら、あなたの退勤時間について誰が文句を言えようか？ ワーク・ライフ・バランスは純粋に時間の量を基準に作られた言葉だ。8時間働き、8時間自分のために時間を使うという思考の人は、2分野で最高を目指すのは難しい。いつも時間に追われる人生を送ることになる。だから、あなたには自分に与えられた時間に質的に入り込んでほしい。

パートナーや家事代行に頼る

夫もしくは一緒に暮らす家族を自分の味方につけなければならない。育児や家事を分担できるように、お互い協力することが問題解決の糸口だ。もっとも近い家族が手を貸してくれないようなら、二兎を追うのは並大抵のことではない。

だからといって育児や家事を、紅海を分けるがごとく、快く折半する夫はそう多くはないだろう。夫の説得を続けながら、協力を得る必要があるかもしれない。夫のそんな態度は、育児や家事は妻の仕事だという思い込みがあるからだ。間違いなく自分がすべきことであるにもかかわらず。

こんな状況の背景には男性が狩猟をし、女性が家事と育児を担当したという歴史的事実がある。古い慣習が根付いているのだ。しかし、時代の変遷に伴い多くのことが変化した。健全な家庭と幸せな人生のためには、夫婦二人とも二兎を得なければならない。ゆえに夫を説得する方法を探し続けなければならない。そして夫はそんな妻を心から応援し、心強いサポーターになるべきだ。最高の夫婦とは、成長を助け合う関係だ。

また、家事代行の費用は惜しみなく出そう。その時間を子供たちのために充て、夫婦が共にいる時間を過ごすことが肝心だ。一週間に一回だけでも家事代行を雇い、サービスを受けよう。そして、週末には、一週間の食料を買いだめし、野菜の下ごしらえや肉の下処理をし、料理しやすくしておけば一週間が楽になる。

子供の教育費が収入より高くついたとしても

成功したいという欲求は、基本的にすべてをうまくこなしたいということを指す。しかし、二兎を追うことの大変さを我々はあまりにもよくわかっている。二兎を追うものは一兎をも得ず、だ。

英国で知り合ったフランス人の友達がいる。彼女はフランス語を教える先生だったのだが、一つ悩みを抱えていた。子供の養育と仕事を完璧に両立したかったのだ。そこで子供たちを専門教育機関に預けた。ところがこれは一見すると本末転倒だった。子供たちを預ける費用が収入を上回ってしまったからだ。

韓国ではこんな状況に直面すると、退職を決めるケースがほとんどだ。だが、これは誤った選択だ。子供たちはすぐに成長する。数年間、子供の世話にかかる費用が収入を上回るとしても、その期間はそれほど長くない。仕事を続けている間に子供は成長し、あなたはキャリアを積みながら給料も増える。反対に5年から10年、仕事から完全に離れたら、実力は衰え、仕事の感覚も鈍る。再就職するとしても、世の中の変化についていけず、希望の職に就くのはなかなか難しい。

フランス人の友達は、子供を専門家に預ける費用が収入を上回っても、自分が好きな仕事、何より人生を活気づける仕事を続けたいと思った。子供たちに負い目は感じないと語った。専門家の体系的なカリキュラムで成長する子供たちが楽しみだとも言った。そう言えるのは帰宅後と週末は子供たちだけに集中するからだった。

子供たちがだんだん大きくなり、彼女の手を少しずつ離れ始めた頃。彼女は職場で大きなチャレンジをすることができた。親も成長し、子供も成長したのだ。

子供を保育園や幼稚園に入れることを引け目に感じる親たちがいる。しかし、子供たちを専門家に任せよ。保育園や幼稚園には、あなたよりずっと子供の教育の質を高めてくれる専門家たちがいる。

ただし、子供を預ける場所を選ぶ時は、徹底的な調査と事前の下調べを怠らないこと。先生一人が何名の子供を見ているのか、先生の休憩条件や待遇はきちんと保障されているのか、必ず確認してほしい。いくら見かけが立派で清潔感があっても、直に子供たちを教育する先生たちが疲れてストレスを受けていれば、問題が生じるに決まっている。子供を育てるあなた自身を見よ。宝物のような我が子にも、声を上げ、怒ることがあるではないか。だから子供を預ける場所については、綿密な調査を怠らず、慎重になるべきなのだ。

自分を大切にする

男性は実際の実力より自分を高く評価し、女性は低く評価する傾向にあるという研究は数多くある。しかし、家庭と職場で自分がしかるべき待遇を受けられるように、女性は自分自身を高めなければならない。自ら認め、自分に報酬を与え、いい待遇をすれば、他人もあなたを尊重するようになる。自分を愛する人は、その気風や雰囲気が漂うもの。だから与えられた仕事をうまくこなすためには、決して自ら萎縮したり、気後れしたりしてはいけない。

「頑張り」と「成長」は違う――成長せよ

頑張っているのに相変わらず進歩のない人々は、自分を誤解している。「頑張る」イコール「成長」だと思い込んでいるのだ。頑張ることと成長することは、全く次元が異なる話だ。頑張るから成長するわけではない。成長は、新たなエネルギーを注入することでしか現れない。

たとえを見てみよう。１００個の商品を頑張って包装したからといって、それが成長なのだろうか？　私は違うと思う。１００個の商品を包装する時、時間を短縮したり、短縮して余った時間にもっと多くの商品を包装できたりすれば、成長だと見てとることができる。職場や家庭で専門家になるためには、この中核となるメッセージをしっかり念頭に置いてほしい。

職場での仕事と家庭での仕事を単純に今まで通りこなすなら、ただ頑張っているにすぎない。だから、必ずトレーニングを受ける必要がある。仕事をもっとうまくできるように、職務関連の教育と相談、会議や講演に参加し、自己啓発に力を入れないといけない。家事も同じだ。最近は家事を効果的にできる様々なコンテンツがネット上に溢れている。時間ができるたびにちょこちょこ見ながら、家事を効果的にこなすのだ。成長しない時、人間は不安になり、その時点から余計な思考が入り込んでくるのだと忘れないでいてほしい。

善意を受け止める

業界で万年2位だったペプシコを1位にした立役者インドラ・ヌーイCEOは、父親からの最高のアドバイスを人生の指標に置いた。「他の人たちがどんな言動を取っても、善意からだと信じろ」という言葉だった。とてもシンプルに視点の変化を促すものだったが、彼女の生き方自体を変えるほど大きな影響を与えた。相手の言動に込められた真意を汲めるようになったからだ。

〈ウェルシンキング〉を通して、頑張って生きようと決心したあなたを、誰かは嫉妬し、倒そうとするだろう。女性の社会生活にも変化の兆候は多々見られるが、進むべき道はまだ果てしない。そのたびに相手と争うのではなく、賢く対処するのだ。あなたを非難したり、差別したりする人とも、共生する態度で有利な結果を導き出そう。相手の言動をとりあえず善意で受け止めれば、その人を心から理解しようとする気持ちが生まれる。そのような態度は相手の行動を変える。職場や家庭で、愛し愛される人になれるよう努力せよ。

一時の収入減は永遠ではない

女性が人生の新しい旅路に出るなら、一時的な支出が必要になる。この部分を大きな負担と思わないように。特に子供たちが小さい時は、お金を稼ぐことより様々な経験を通して、本人が自己啓発することに照準を合わせるといい。

大勢の人が子供たちを専門家に任せて、自分に投資することに対して及び腰になる。まずは子育てし、子供が成長してから自分にお金をかけようと先延ばしにするのだ。だが、これはキャリアを途絶えさせることに直結し、自信喪失を招く。後々キャリアを再開しようにも怖気付く。もしもあなたが二兎を得たいなら、自分への投資を増やすべきだ。この期間の支出は投資であるという考えをしっかり持てないようなら、二兎を得ることはできない。

人生を整える〈人生の輪〉

〈ウェルシンキング〉の真髄は視覚化だと記した。それを実践して目指す高みはバランスの取れた人生だ。〈ウェルシンキング〉を通して「バランスの取れた人生が、成功する人生であり、幸せな人生である」という真理を、我々みんなが実現すべきだと、私は考える。

「成功した人生は、幸せな人生である」という真理を本当に実現させるためには、〈人生の輪〉の一部にだけ集中してはならない。あなたの人生が、ここに提示された輪のようにでこぼこなら、うまく回らないはずだ。

ケリー版〈人生の輪〉

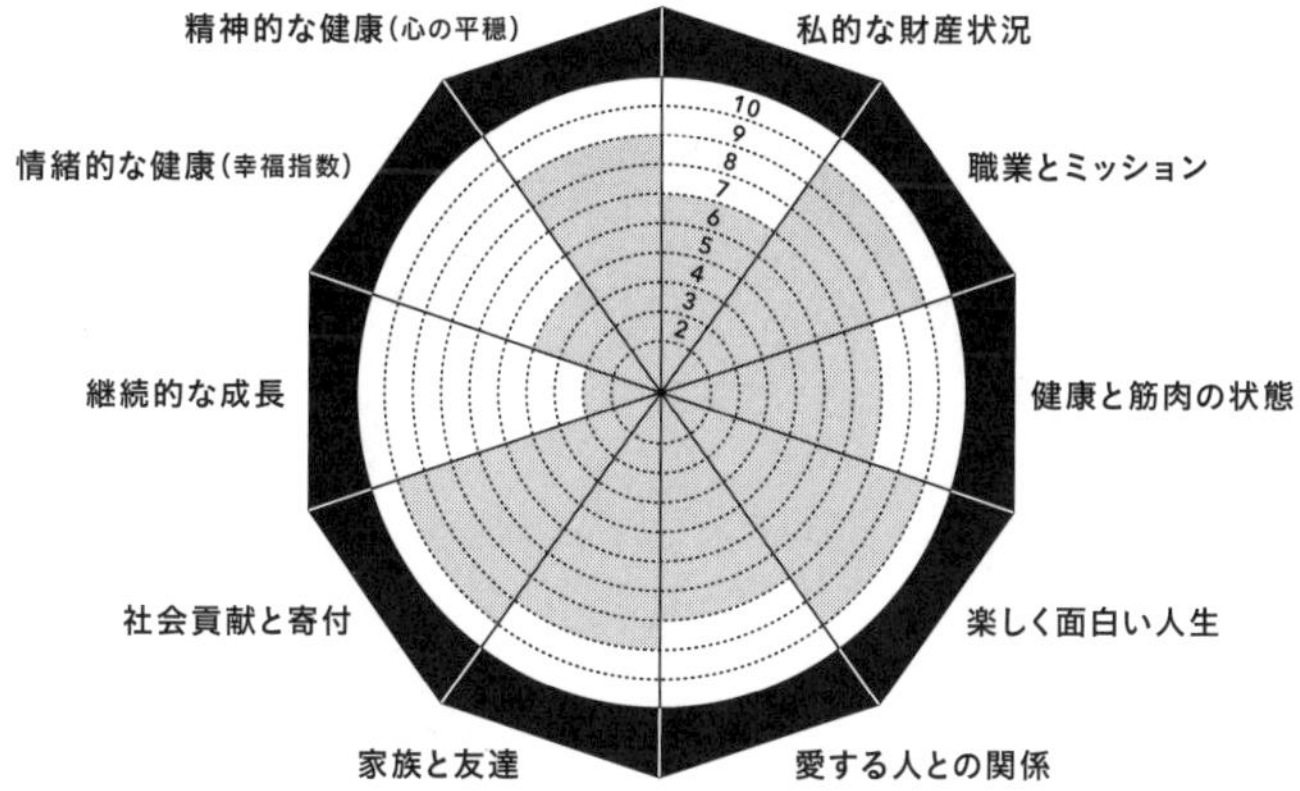

あちこちに角があり、不協和音が生じるためだ。他のあらゆる領域がバランスよく成長しなければ、健全な人生を営むことはできない。

〈人生の輪〉とは、ライフコーチがプライベートコーチをする際に使用するツールだ。自己満足度調査のために、人生の重要な領域ごとに1〜10点で（1点は非常に不満、10点は非常に満足）自己採点する。これを通して、各領域に割り当てられた部分を立て直すことができる。人生を視覚化する〈人生の輪〉の模様を見ることで、現在の人生バランスを正確に評価できるようになるのだ。まずは下の輪にあなたの現在の人生を表記せよ。

あなたの〈人生の輪〉は？

1点＝非常に不満、10点＝非常に満足。各領域を採点し、色を塗ってみよう

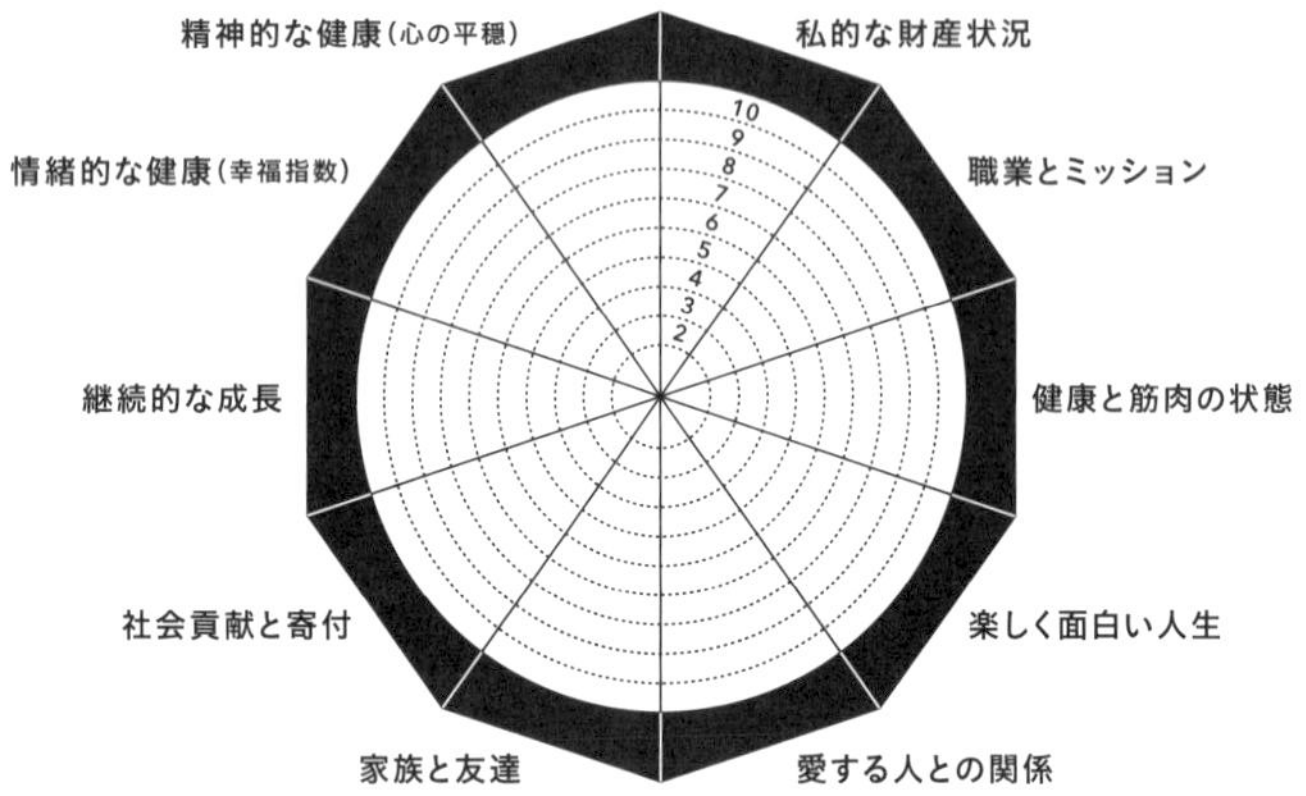

人生の輪①：私的な財産状況

あなたの財産状況は、何点か？　どの程度、満足しているか？　ある人は1億ウォンでも10点を付け、ある人は30億ウォンあっても貧しいと考える。まず富について考えてみる必要がある。あなたにとって真の富とは何か？

〈人生の輪〉の10項目がすべて8〜10点に達した時、あなたは真の富者だと言える。財産状況だけ点数が良くても富者でない理由は、ここまで何度も力説してきた。富者でなければならない理由は、幸

せになるためだ。

私にアドバイスを求める人々の中には「富者になるより、幸せなほうがいい」あるいは「富者は不幸せだろう」という考えの人たちもいる。富について拒否反応を見せる。だが、こう考える人は、決して富者にはなれない。私が出会った富者はみな幸せそうだった。彼らは健康で活気に満ちている。家族円満で自由だ。自由のために、我々は財産状況を良くすべきなのだ。私はお金のせいで死にたいと思ったこともあったが、ある瞬間、富者の秘密を知り、次のような目標を立てた。

1 私が望むすべてのものを手に入れられるだけの財産を作ろう。
2 私が望む時間を生きられる状態で確保しよう。
3 私が望まないことを断れる力を持とう。

私はこのような目標を立て、数字で具体化させた。5年以内に夢は叶った。今の私はみなさんの想像以上に、自分が望むすべてのものを買える状態になった。私には望む場所で、望む人と望むことをできる時間と富がある。もちろん私が望まないことを断る力も手にしている。

まずはあなたも富が何たるかを書き留めよ。そして目を閉じて、富者になった自分を毎日イメージせよ。ここでもっとも重要なのは、あなたの目標を数字で具体化し、潜在意識の中に植え付けることだ。たとえば、あなたが望む家と車、家族へのプレゼント、そして生活費のすべてをひっくるめた合計額を目標に定めるといい。潜在意識はあなたが決めた目標の数字を、あなたよりしっかり記憶するはずだ。

人生の輪②：職業とミッション

我々は仕事を通し、夢に近づく。さらには仕事で我々が目指す人生のミッションを遂行する。いい職業とは、経済的自立はもちろんのこと、名誉ある仕事で人助けとなり、地球と自然を保護するものであるべきだ。自分と家族だけではなく社会に寄与する時、ようやく人間は自己の存在価値に気づくことができる。

世の中のほとんどの職業は、人を助ける仕事だ。建設現場の作業員は家や学校を建て、安全と安定を与える。飲食店の店員は、客の健康に責任を持ちながら、人を生かす。同じ仕事をしていても、あなたがどのような意識で仕事に臨むかによって、やり甲斐や結果に天と地ほどの差が出る。

ゆえに、今就いている仕事で最高のポストまで上り詰めよ。他の誰かがしている仕事なら、あなたにもできる。ほとんどの業界にはすでに試行錯誤があり、そこに修正を加えて、またチャレンジすることで成功した人々がいる。それなのに多くのチャレンジャーはまた試行錯誤を繰り返し、苦労して革新しようとする。そもそも困難なのに、莫大なエネルギー消費に加え、経費や時間を浪費する。これは完全に方向性を取り違えていると言えよう。

あなたの業種が何であれ、同じ業種で最高の人物を真似し、彼らがトライした方法でとりあえずやってみよ。そして追体験できたら、その時はあなたの革新的な方法で彼らよりもっと上へ行けばいい。頂点の人と同じくらい努力し、ついに頂点に立てば、それ以外のことで最高の戦略家になれる確率は高い。仕事の本質に精通し、成功の原理を見抜くことができるからだ。


失敗者と成功者の違いは、最後の1割か2割の違いだ。成功者は、成功するまで続ける。失敗者は、最後の1割を残して、才能がないからと引き返す。何年もかけてきたものを捨て、また最初から新たに始めようとする。そうではなく、必ずうまくいくまでやってみる習慣をつけないといけない。強者が生き残るのではなく、生き残った者が強いという言葉があるではないか。

人生の輪③：健康と筋肉の状態

私は健康の点数がもっとも低かった。だが、人生で初めて筋肉のある体作りを試み、10点満点で10点をつけた。人生の輪にある10項目のバランスが取れた時、我々はようやく幸せだと感じられる。その中でも幸せになるための最重要項目は健康だ。健康は成功の鍵だ。

健康でなければ、残りの9つもドミノ式に崩れてしまう。従って、年齢が40になり、50になるほど、健康は最優先に置かれる。健康が大切であるもう一つの理由は、体の筋肉が落ちると、思考の筋肉も落ちるからだ。私のような事業家たちは、継続的に良い決定を下すためにも、健康的な思考筋肉と精神筋肉が必要だ。だから長期的に成功した事業家たちは、1週間に3、4回は運動する習慣がある。

成功する人々の、エネルギーは莫大だ。内面も外面も強く、パワーが溢れている。

このような強さは、体力から来るという事実を看過してはならない。何より、体力をつけるには、時間を投資する必要がある。特に腹筋と胸筋に筋肉がなければ、新たにチャレンジする自信も湧かない。腹が据わっている人に度胸があるとよく言うが、ここでもそのような意味合いがある。度胸があってこそ、信念を持って突き進んでいける。

あなたも決して健康管理を疎かにしないでほしい。突然訪れたチャンスに「私がやります」と堂々と答え、新たな挑戦を楽しめる人物になれ。

人生の輪④：楽しく面白い人生

楽しみやワクワクは人生と成功にとっての必須要素だ。何をしようと、あなたが楽しく面白いと思えるなら、周辺の人々にもそのポジティブなエネルギーが伝わる。日常で、楽しくワクワクするものを見つけよ。そうすれば、それが何であれ、もっと楽しくできる。

「この仕事、めちゃくちゃ面白そう！　ね、そう思わない？」

「なんか、今日もすっごく楽しくなりそうな予感！」

私が頻繁に使う言葉だ。ケリーデリの価値の一つは「楽しもう」だ。従業員たちがどうすれば自分の仕事にユーモアを取り入れ、楽しく働けるのかを考えている。

皿洗いって、面白そう！
掃除だって、楽しい！
今日はどんな方法で楽しんじゃう？
音楽でもかけてみようか？
大笑いしてから始めてみる？

こんなふうに言えば、仕事に対するネガティブな壁が崩れ、仕事が面白く思えてくる。そうすれば、我々従業員にも自然とそのエネルギーが伝染するのだ。我々の会社の従業員は、同じ仕事をしていても、去年とは違う、また昨日とも違うやり方を見つけて取り入れている。そうすれば、少しは今までと異なる新しい形で楽しく働けるからだ。仕事の自由度を保障し、自らの選択に従って成功と失敗を経験することも重要視している。これは従業員の間で新たな楽しみとなっている。

仕事だけでなく、家族とも楽しく過ごそうと努力している。特に娘には、勉強も遊び感覚でできるように、私が楽しく言葉をかけることから始める。

「ママ、これってすごく難しいしつまんない」

「じゃあ、これを面白くする方法ってないかな？」

「あるよ！」

このように言いながら、一緒に楽しくできる方法をシェアする。

「おお！　いいアイディアよ。一度やってみようか」

「どっちが九九を楽しく覚えられるか競争してみよう！」

「ピアノを頑張って弾くとすごくかっこいいし面白そう！　そう思わない？」

すると娘も「うんうん！　めちゃくちゃかっこいい！」と笑いながら答える。新しいことも楽しく、すでにやってきたことも面白くやろうと約束し、娘は色々なことを楽しみながら学んでいる。

あなたも自らの人生にワクワク感を加えよ。初めは人々にちょっと変わった目で見られるかもしれない。しかし、働くことも、配偶者との関係も、新しく習うことも楽しめれば、関わる人々に熱いエネルギーを送ることができる。

人間関係でも仕事でも、何かを始める前に「おお！　本当に面白そう！」とテンションを上げてから始めよ。思ったより大変なことではなかったと気づくのはもちろん、成果をより早く達成し、より多くを成し遂げられるだろう。

人生の輪⑤：愛する人との関係

あなたの〈愛する人との関係〉の点数は何点だったか？　周囲の人々、特に愛する人との関係が4点以下だと思うなら、あなたが望む良好な関係を築くうえで、何が必要で、何が不必要なのか、よく考えてみてほしい。配偶者や子供のように、愛するために自分が選択した人もいれば、親やきょうだいのように自分の選択とは無関係の人もいる。このような人間関係に問題が生じると、人生の全体的なバランスは、いとも簡単に崩される。そのため、自分と関係のあるすべての人を抱きしめ、揺らぐことなく愛する心を持たないといけない。

一つ質問をしよう。注げば注ぐほど増えるものはなんだろうか？　その通り。愛だ。人間関係でもっとも大切なものは無条件に愛を注ぐことだ。愛には理由がない。ただ死ぬほど愛するだけだ。毎朝、目を開けたら目にするその人を、自分よりも愛そうとしなければならない。自分が選択した関係が最高になるように、ただ熱く愛するのだ。それが自分を愛する道となる。

親しい人に対して善良な人間なのか、悪い人間なのか、白黒をつけたがる人が大勢いる。これは誤った行為だ。その人も自分も、互いに完璧ではない存在だ。不足した部分を補うために一緒にいるのだ。だから彼が、あるいは彼女が完璧でないのは当たり前だ。それだけでなく、ある人は自分で選択した理由によって、その人のことが嫌いだと言い始めるケースもある。たとえば、話が巧みで、ユーモアのセンスがあるから選んだ人なのに、今になって、おしゃべりが過ぎて嫌だというようなケースだ。

他人のあり方を善意で捉え、理解できない部分はただ尊重しなければならない。無理やり理解しようとせず、ただ尊重するのだ。時が経てば、自然に理解できるようになる。人は、基本的に愛の存在だからだ。

良好な関係とは、絶えず自己を振り返りながら完成される。他人にあれこれ問題を探す人は、健全な人間関係を結ぶことができない。ただ無条件に愛せよ。理想的な関係について書き記し、考えを深めながら、円満な生活を続けられる力を養え。一人では決して望む場所に辿り着くことはできないのだから。

人生の輪⑥：家族と友達

一つ質問しよう。1＋1はなんだと思うか？　もちろんここでは2という答えではない。「1＋1＝2」だと言って、あなたの貴重な時間を奪っているのではない。いくら成功した富者で、外部から尊敬される人だとしても、尽くしたいと思う家族や友達がいなければ何の意味もない。

あなたも一度くらいは人生を生きる理由について、深く考えてみたことがあるだろう。これぞといった素晴らしい答えを期待するが、実際は「よくわからない」という答えで終わるかもしれない。食べていくのに精一杯の日々。人生の意義まで考えながら生きられるのは、もしかしたら贅沢なことなのかもしれない。しかし、人間が生きる理由は単純明瞭だ。生存のためだ。それも家族や友達と一緒に生きるためだ。この世で何の理由もなく私を信じ支えてくれる存在と生きるためだ。

そのような意味で、1＋1は満ち満ちた数字100としたい。私と家族を足せば、

2でもなく3でもなく100だ。人生の輪で、この領域はすべての領域に強力な影響を及ぼしている。先人たちが語った「家和して万事成る」は、現在でも有効であることが、この主張を裏付けている。ゆえに、家族と友達との関係を大切にしなければならない。

家族、友達と一緒に100になれ。少しの欠けもない100になれ。犠牲なくしては、満ち満ちた状態の100を決して成せない。今すぐ家族と友達のためにできることと、捨てるべき習慣が何なのか、自分で書いて実践せよ。

人生の輪⑦：社会貢献と寄付

人生の目標は蓄積し、積み上げることではない。貢献し寄与することだ。時々、自問せよ。今自分が寄与できることは何なのか？　今、自分が貢献すべきことは何なのか？　他人のために何ができるのか？

1千ウォンは、我々には小さいお金だが、有意義に使える。1千ウォンで殺虫剤を購入し、フィリピンの子供一人を救うことができる。1千ウォンあれば、地球上で飢餓に苦しむ子供に1食提供することもできる。

もう少し金額を上げれば、ものすごい奇跡を起こすことができる。10万ウォンなら、マダガスカルにいる学生が1年間学校に通えるようにできる。たった5万ウォンで韓国で子供のいる家の家計を援助できる。1億ウォンあれば、どんな奇跡を起こせるだろうか？　なんとフィリピンに学校を設立することができる。

あなたの才能と富が、他人の人生を変化させる力になり得るのだ。あなたの1時間が、誰かにとっては忘れられない大きな助けとなることもある。人は先天的に善良だ。だから誰でも貢献したいはずだが、ほとんどの人はすぐに実行しない。成功したら貢献しようと先延ばしする。私も先延ばしした。しかし、40歳になるまで寄付などできる状況になく、このままでは永遠に寄付できないと直感した。

だから成功した人生ではなく、幸せな人生を送ろうと決めた。寄付できる余裕があろうとなかろうと、まず収入の一部から寄付しようと決めたのだ。私と夫は会社を立ち上げると同時に寄付を始めた。それがきっかけとなり、「ケリーデリ基金」を設立した。今は数多の人々の力となっている。家族と隣人、地球をじっくり見つめ、私にできることは何なのか考えた結果だった。

真の貢献とは、今の自分にできることから始めること。そうすれば富の気が湧いてくる。「あとで」というタイミングは決して訪れない。私が与えたものは、人間としてできるごくわずかな気持ちだったのに、数十倍、数千倍になって戻ってきた。私の人生は心まで満たされ、より豊かになった。

あなたも真の富を成すために、誰にあなたの才能と富を分けられるのか、熟考し実践してほしい。寄付は失うものではなく、富への道を開くものだ。

人生の輪⑧：継続的な成長

成長は夢につながり、夢が叶うことは幸せだ。よって成功は幸せなのだ。もし夢が遠く感じられるなら、成長に集中しなければならない。戦略的な実践を通して成長に集中し、また集中するのだ。幸福への近道は日々成長することだ。ほんの少しの成長でも構わない。毎日毎日、わずかでも前へ進もうとする亀のパワーが成功の源だ。

人間は、夢を完全に成し遂げた時より、成長している過程にずっと大きな満足感と幸福感を抱くものだ。いくら成功した人生でも、継続的な成長がなければ、人生は萎んでいくしかない。

人生の輪⑨：情緒的な健康（幸福指数）

この領域は毎日のように健康な精神で朝を迎え、幸福感に浸ることを意味する。毎朝、今日1日を最高に幸せに生きようと思いながら幸福指数を高めるのが重要だ。情緒的な健康の幸せは外部的要因によると考えている人が多いが、実はそうではない。情緒的健康は、内部的な要因で作られる。

まずネガティブ思考とネガティブな単語を使わないようにする。私はネガティブに考えない。ネガティブ思考に入り始めたら、その都度、頭を振って外に追い出す。頭の中をポジティブ思考で満たしておくと、いい方向に進むことができる。

人生の輪⑩：精神的な健康（心の平穏）

精神的な健康のためには、内面に集中する時間を持たなければならない。宗教的信仰とは無関係に、心の平和を保てるよう集中する。これが肝心だ。心の平穏は、私が事業を成功させる際に助けとなった功労者だ。「私は絶対に成功してみせるんだ」と考え、無我夢中で働く時、成功はまだ遠くにあった。しかし、自分のことにベストを尽くし、落ち着いた心持ちで結果よりプロセスを重要視していたら、いつのまにか成功は自分のもとへ近づいていた。

精神的な健康は、身体的、心理的、社会的評価においてバランスのとれた認識を持てるように助けてくれる。だから世の中のどんな外部からの刺激に対しても、健康な精神と心の平和を維持することによって、動揺しないよう自分の心を鎮めなければならない。

私は精神的な健康を守るためにニュースは見ない。ニュースを見るのは大事だが、私を守るために見ない。事業を営む者が、ニュースを見ないなんてことがあるか、と非難されるかもしれない。だが、これは精神的な健康には欠かせない。ニュースを見ると、ほとんどテロやコロナ、死や自殺、宗教の堕落など、ネガティブな残像ばかりが記憶される。

これらは私の精神世界を混乱と恐怖に陥らせる。世の中を見る洞察力と世界の流れは本で読む。あらゆる本を読み尽くすことはできないが、進もうとする分野を深く掘り下げることはできる。未来を予測した人々の本を読むため、不足感はない。また、自分の活動領域のトップの人たちと意見を交わしながら未来を読めば、不安な心を募らせずにいられる。

以前までの私は常に不安に駆られ、未来を恐れていた。ほんのささいな刺激を受けただけでも、ぶるぶる震えて動揺した。感情をコントロールできず、世の中に怒鳴り散らしたかったことも多々あった。当時、私の心は洗面器に溜まった水のようだった。だから小石が一つ落ちても、ひどく波打って水が外にこぼれ出た。いいことがあったり、褒め言葉や賞を頂戴したりしても同じだった。毎回、感情のコントロールが不能で、心の水は溢れてしまった。

あの時、私は心の平穏を保つために何とかせねば、と必死になった。一喜一憂していては、決して最高のリーダーになれるわけがない。そこで、外部ではなく内面に集中する習慣を身につけたのだ。すると、心が湖のように穏やかになった。洗面器に溜められた水は広々とした湖になった。今はいくら石をポンポン投げ入れても、微かに揺れるだけ。すぐに静まる。外部から大きな賞賛を受け、大きなチャレンジを成し遂げ、受賞といった好ましいことが起きても、動揺することはなくなり、平静を保てるようになった。

賞賛に天狗になる人は、逆の状況に置かれるとひどく悲しみ落胆する。外部の状況に動揺せず、ただ「自分は自分」という気持ちでいなければならない。内面の平和と健全なマインドを維持することは成功への近道だ。

人によって心を落ち着かせる方法は十人十色だろう。大事なのは、意識的に行うこと。そうすれば、心を混乱させる対象から解放される。私は精神的な健康に役に立ち、かつ心の平和をもたらす方法として、8つのことを実践している。瞑想、音楽、ポジティブ思考、ヨガ、読書、奉仕や寄付、旅行、運動。8つの方法を決めておいたのは、時間の浪費をせず、すぐにでも実践できるようにするためだ。あなたも平穏な心を保てるように、自分なりのルーティンを決めよ。そうすることで、たとえ動揺しても洗面器に溜められた水ではなく、湖のような心を持てるはずだ。

5年後の〈人生の輪〉が円になるように

〈人生の輪〉診断の結果はどうだったか？　輪はうまく回っているか？　輪の形がくねくねしている人もいるだろう。ある程度丸みを帯びている人もいるはずだ。さあ、ここからが本題だ。5～10年以内の中長期の目標を設定し、人生の輪が完璧な円になるようにデザインしなければならない。

ただし、輪のすべての領域を一気に向上させようとしてはいけない。まずその中の一つだけを最高レベルに持っていくようにせよ。そうすれば、その他の上げたい領域も、おのずと向上するはずだ。私はいちばん先に〈私的な財産状況〉及び〈職業とミッション〉の項目で、5年かけて目標レベルを達成した。それから残りを一つずつ達成させた。

あなたの熱い意志を激励し、応援したい。一つアドバイスをしよう。健全な〈人生の輪〉を作るプロセスに、真面目に深く踏み込め。可能な限り外部の刺激を避け、完全に一人の状態で、どうすれば丸い輪にできるのか、自問自答すること。回答後には、輪の円形が完成した状態を想像しながら、黙々と自分の道を進んでほしい。でこぼこして不恰好な輪を持っていた私が成功したのだから、あなたにもできる。

私はあなたを信じている。

人生をあきらめるな！

我々は今、まさに激動の時代を生きている。パンデミック、不況、少子化、高齢化、環境問題など、どれ一つとっても確実な鍵を手にできないまま、その時々の状況に応じ、怒りにも似た感情と戦っている。こんな時代の状況は、個人の内面の奥深くまで浸透し、凝り固まって融通の利かない生活態度を引き起こす。

すでに大勢の人が生きる理由を見失い、日々延命するかのごとく生きている。それでも、こういう人はまだましだ。人によっては、激動の時代に反抗するかのように、自ら命を絶っている。その都度、私は同じ人間として深く苦悩する。

日々食べ、生きること、これはもっとも単純に見えるが、それ自体が偉大なことだ。

この世に生まれ、自分が食べるものを求める行為は、人間的な品位を保つことだ。私に与えられた人生をあきらめないという意志であり、人類の一員として責任と義務を果たすという決意の表れなのだ。

我々が体験する苦痛の大半は、問題の見方で左右される。ゆえに、問題自体が我々に苦痛を与えるのではないということ、それをどう捉えるかという我々の姿勢が重要なのだと言いたい。この先、より幸せな人生を望むなら、我々は足を止めることなく生き続けなければならない。自分の人生を尊いと思う心、その心が望みを叶える出発点となる。

本書を執筆している昨今、私が多く相談を受ける悩みの一つが、新型コロナウイルス関連のものだ。予期せず、無防備の状態で発生したパンデミックは、とてつもなくたくさんの問題を引き起こした。色々あるが、世界的に見られる失業と廃業、さらには債務の増加は先行き不透明感を増幅させた。明日を楽しみにできない。これほど恐ろしいことは他にあるだろうか。

新型コロナウイルスが長期化し、失業した人や事業に失敗した人、憂うつ症にかかった人、夢は大きいが未来は見えないという人。彼らを見ていると心がざわついた。

そんなもどかしく苦しい気分は、私も経験済みだから。彼らが再び生きようとする熱い心は、私を大きく刺激した。胸を熱くさせられることもあった。ある青年から質問を受けたことがある。

「僕自身、すごく縮こまっていくみたいなんです。会長さんが僕だったら、何から始めますか?」

この青年は、幼い頃から広い世界に憧れてきた。世界を思う存分駆け巡りたいと思うほど積極的な精神を持っていた。実際に航海士となり、世界を股にかけて、より大きな目標のために精進した。しかし、なぜだかこの青年は、自分が重要なことを見逃している気がしてならなかった。海を毎日眺めながら人生で本当に大切なものは何か自問し、やりたいことを探すために航海士を辞めた。

期待とは裏腹に、何事も順調にいかなかった。青年は世界を舞台に活躍するという目標のために死力を尽くした。しかし、何一つうまくいかない。燦々《さんさん》と輝くはずの未来が、地に落ちた気がした。青年は自分の選択を後悔し、未来への不安を募らせたまま韓国に戻ってきたという。だが、真の問題は、そこからだった。相対的に萎縮した精神状態で、人と自分を比較し始めたのだ。

私はその気持ちを十分に理解し、共感した。私もまた自分自身が限りなく萎縮し、心がぼろぼろになったことがあった。自分の意思とは裏腹に、自分を苦しめる思考に次々と襲われ、辛い時期を送った。何より自分の選択を後悔し、過去の栄光を取り戻そうとする。これがどんな心情に由来するのか、私はよく知っていた。

我々の人生は困難に立ち向かうことの連続だ。青年は私に、今、経験している困難を告白したが、青年のこれまでの人生に加え、この先歩む人生には、まだどれほど多くの困難が待ち受けていることだろう。だが、我々が苦難、傷、不幸と呼ぶものは、あったと思ったらなくなるという性質を備える。だから、そういう時ほど、自分が目指すいちばん理想的な状態を思い描きながら、前進あるのみだ。古い記憶はどうせ消えてしまうものだから。

自分の人生をあきらめずに進め

苦しいのは自分だけではないという事実が救いだ。私はその青年の事情を聞いた当時、私は南米にいた。状況は韓国よりはるかに深刻だった。失業や暴動、略奪が横行し、人々の目はぎらぎらしていた。互いが互いを信じられず、いつでも決心さえすれば、今日の味方が明日の敵になり得る雰囲気だった。

本当に苦しくても、見比べればもっと過酷な状況にいる人も多い。あなたよりもっと困難な状況にいる人が大勢いるのだから、感謝し、満足しなさいと言いたいのではない。私が伝えたいのは、自分の人生をつまらないものと放り出しては絶対にだめだというメッセージだ。いくら困難で大変な状況でも、自分の価値を信じて進める人は必ず目標を達成できる。

年代別・人生の目的意識

自分の人生をかけがえのないものと思うには、人生を全般的に捉え価値や意味を持たせる必要がある。〈ウェルシンキング〉を通し、なぜ生きるのかを常に思い起こすことで、生き抜く力を得ないといけない。以下に年代別に意味のある人生を送れるよう、目的意識を提案する。

● 10代：学校の勉強で人生を学び、自立の仕方を覚える。
● 20代：職に就き、金銭的に自立し、様々なことに挑戦し、経験を積む。
● 30代：仕事のロールモデル、あるいはメンターに学び、自分が従事したい業界のトップを目指す。これは人生を複利で生きる準備段階だ。
● 40代：必ずや業界のトップになり、死ぬまで食べていけるお金を稼ぐ。
● 50代以降：奉仕期間。自分が得たノウハウを世に還元する。

人は誰でも自分の人生を完成させる過程で、他者の人生への「架け橋」とならなければならない。これは、自分一人でひたすら突き進むのではなく、人生の壁に阻まれた人々に寄り添い、一緒に悩み、待ち、献身することを知るべきだという意味だ。自分が持つノウハウを世に還元する過程はもっとも重要だ。私が今、本書を書いているのも、まさにそのためだ。

幸せな日常の中にあっても、努力しなければ、人生は一瞬で崩れかねない。だから目標を達成することより大切なのは、苦難を乗り越える力だ。苦難を乗り越えるためには、生きる理由を明確に知るべきなのだ。特に、あなたは唯一無二で可能性が無尽蔵にある存在だということを、自分で信じないといけない。

望むものを手に入れたいなら、
まずあなたが、自分自身を貴いと思え。
人生をつまらないものと考えた瞬間、
人はそこで命尽きる。
私がセーヌ川で一度この世を去ったように。

他者と共生し献身せよ！

２０２０年夏。特別なことが起きた。大韓民国で、夢の代表「ケリーズ」が発足したのだ。インスタグラムを通し、思考パワーと〈ウェルシンキング〉のコンテンツをアップロードし、人を応援するイベントを企画した理由は、純粋に誰かの力になりたかったからだ。そして、この企画を通じて、困難な時局にあっても、志を共にすれば何でも乗り切れるということ、人生を発展させる自己啓発も可能だということを示したかった。私はかつて、誰よりもひどい挫折を味わった。どれほど多くの人が切に救いの手を必要としているのかをよく知っていた。だからこれまで積み上げたノウハウをシェアすることにしたのだ。

「私たちは一つ」——仲間たちと「ケリーズ」を結成

誰かはこんな私を見て首をかしげ、理解できないと思ったかもしれない。だが、そうせずにはいられなかったのだ。私が持つものを分かち合い、シェアすることで、誰かがまた一歩踏み出せるなら、それほど意義のあることはないと信じている。それぞれ異なる人が一つになることほど奇跡的なこともない。すると、多くの人が私を応援し始めた。もっとも胸が熱くなった瞬間は、大勢の人が私のこんな気持ちに賛同してくれた時だった。

あの時、私は、仲間がいることの美しさを学んだ。いくら善行といえども、一人で行うのと一緒に行うのでは、大きな違いがあった。私のような意志を持つ人々がいる、ただそれだけで癒やされ、力が漲《みなぎ》った。また、私の信念が正しかったと証明された瞬間でもある。何より〈ウェルシンキング〉が広がりを見せる瞬間だった。「私たちは一つ」という意味を込めた「ケリーズ」が結成された。

〈ウェルシンキング〉の真の力は、善なる影響力が伝わる時、ピークに達する。あなたと私ではなく、我々という概念が人生のあり方として根付く時、ようやく鍵のかかった扉を開ける権限を与えられるのだ。あなたが〈ウェルシンキング〉を会得しながら見えてくるもっとも偉大な成功は、他者の成功と成長を手助けすることだ。すべての人は本来一つであり、宇宙のエネルギーで互いに結びついている。だから共生の重要性を悟り、人のために献身する瞬間、〈ウェルシンキング〉は完成されるのだ。

富を引き寄せることは、すなわち人としての道理を全うすることであり、富に対する姿勢が、いつでも健全だということを意味する。だから我々が味わう真の富は、人を通して完成する。贅沢と行楽の世界で富を誇示すれば、一時的には楽しいかもしれないが、真の意味での富というものを味わうのは難しい。

私は「ケリーズ」と一緒に、全宇宙のいいエネルギーを分かち合うために努力する。全世界で活動する「ケリーズ」は、世界を分断せず、ひたすら人を救うことを究極の目標に置く。あらゆる人が夢を叶え、富を引き寄せる〈ウェルシンカー（Wealthinker）〉になることを願うためだ。

結句、人が答えだ。人の心と心は互いにつながっている。ゆえに誰とでもつながり得る。あなたと私がこの薄い紙の上に刻まれた活字でつながったように。人の心を得られずして、大きな成功はない。この世界は広大だ。あなたが持つ財宝も十分にある。他の人を目一杯満たしても、あなたの分は間違いなく残っている。他人の空っぽの心の蔵を満たすために意識的な努力をせよ。他人の蔵を満たした瞬間、あなたの蔵にも富と喜びが満ちるはずだ。

共生と献身——富者の完成

あなたのために、〈ウェルシンカーズの心〉と９つの宣言文を準備した。これは富を手に入れるために備えるべき基本的な精神だ。

「ケリーズ」から何度となく受ける、いつもの質問がある。いつからどんな心構えで、どう成功したのか。何を変えたら、そんなに短期間に大きな富を成し遂げたのか。あまりにもよく受ける質問なので、その答えで〈ウェルシンカーズ・スピリット〉と９つの宣言文を作成した。

内容が大げさだと考える人もいるかもしれない。また、自分が成功してから他人と地球のために動くのが順序だという人もいるかもしれない。だが、そのように浅はかでは大きな富をなすことはできない。

私は〈ウェルシンカーズ・スピリット〉と〈9つの宣言文〉を胸に刻みながら事業を構想した。他人を愛し、自分の利益だけのために地球の環境を害さないと自分に誓った。何よりも、ありのままの自分を愛そうと決めた。その結果、今日がある。

私がいつから成功し始めたのか振り返ってみると、ふとこんなことに気づいた。「自分」のために成功しようとしていた時期は、成功から遠ざかっているようだった。しかし、「私たち」を意識し始めてからは、成功が次から次へと近づいてきた。まず「自分」から生きようとする人は、大きな成功から離れる。反面、「私たち」を考えに入れる人には、成功がおのずとついてくる。

〈ウェルシンカーズ・スピリット〉と9つの宣言文を、朝晩音読し、あなたが健全な思考の根を張ることができるように祈っている。あなたの心は湖のように広がるだろう。あなたは豊かな富を手にした〈ウェルシンカー〉になるだろう。このアドバイスがあなたの富への道に幾ばくかの役に立つことを願っている。

ウェルシンカーズ・スピリット

- みなさん（ケリーズ）はケリーであり、
ケリーはみなさん（ケリーズ）だ。
- 〈ウェルシンカー〉は「私たちは一つ」という意味を持っている。
- 〈ウェルシンカー〉はありのままの自分を愛する。
- 〈ウェルシンカー〉は挑戦と失敗を繰り返しながら
失敗の中での学びを楽しむ。
- 〈ウェルシンカー〉は、成長がすなわち幸福だということを
知っており、今日より明日、もっと成長するために努力する。
- 〈ウェルシンカー〉は目標を明確に設定し、
目標に従った行動を継続すれば、成功し夢を叶える。
また幸福な富者になることを、一片の疑念もなく信じる。
- 〈ウェルシンカー〉は社会に貢献し、
分かち合いを実行する未来における真のリーダーだ。

9つの宣言文

1 私、〈ウェルシンカー〉は、ありのままの私の姿を愛する。

2 私、〈ウェルシンカー〉は、挑戦して学ぶことを楽しみ、失敗を恐れない。

3 私、〈ウェルシンカー〉は成長が幸福であることを熟知している。

4 私、〈ウェルシンカー〉は、根気を持って取り組む力を養い続け、有言実行する人になる。

5 私、〈ウェルシンカー〉は、何事においてもポジティブ思考であり、問題にぶつかった時、あらゆる問題には答えがあることを知っている。革新的な方法で答えを探すよう努力する。

6 私、〈ウェルシンカー〉は自分が持つ才能を通して善行の影響力で社会に貢献する人になる。

7 私、〈ウェルシンカー〉は、世界的な視野を持ち、全世界の「ケリーズ」を応援し彼らと共に成長する。

8 私、〈ウェルシンカー〉は、人と地球のためになる善なる夢を抱く。

9 私、〈ウェルシンカー〉は、地球保全のため、あらゆる努力を惜しまず、環境を害する行動をしない。人のためになり、必ずあらゆる善なる夢を叶えながら生きていく。

エピローグ：〈ウェルシンカー〉になれ！

偉大な成功は、人に対する心から生まれる。成功を遂げた人は、博愛精神が強いという特徴を持つ。成功するまでの私は、ただ自分のために成功を望んだ。熾烈な人生という現場で、生存の戦いを繰り広げた私が誰かの幸せを願うなど贅沢だった。１日でも早く夢を叶え、成功することが、人生最大の目標だった。困難で苦しかった過去を消し、見事に成功し富を掴み取りたかった。だが、なぜだか頑張るほど、歯を食いしばるほど、成功は遠のくばかりだった。あたかも永遠に掴むことができないかのように。

大失敗の2年間、心が脳死状態に陥っていた。小さな田舎町で生まれた私が、負けん気一つで持ちこたえてきた人生だったが、すべてが虚しくなった。こんな結果になるなら、どうしてあんなにがむしゃらに生きてきたのか、そんな心で過去を否定した。成功できない理由もわからず、大いに苦しんだ。私は自分に問い続けた。

「私にできることは何？」

「私に借金を返す方法はある？」

「私を雇用してくれる人はいる？」

質問に質問を重ねるほど、漆黒のようなブラックホールに吸い込まれ、すぐにでも消え入りそうだった。だが、幸いなことに母のおかげで正気を取り戻した時、質問を変えてみた。

「生きるとはどういうこと？」

「どう生きれば、私が住んでいる場所で誰かに貢献できる？」

「外国で苦労する私みたいなアジア人の誰かのために何ができる？」

「地球を守りながら、誰かのためにいいものを生み出せる？」

「誰かのため」に視点を変える

あの時、私が「私」から「誰か」に方向を変えた質問の数々。それが成功者らの資質だということを、当時は全く知りようもなかった。以前の私は、すでに死んだも同然で、他人のために余生を生きようとする気持ち、ただそれだけが芽生えた。自己中心で生きてきた私の人生が、「誰か」、そして「我々」を考える人生に変わった瞬間だ。

考えが変わると、行動も非常に具体的な変化を見せた。どんな過酷な仕事でも、鼻歌がおのずと出てくるほどだった。苦しく困難だと感じれば、率先して模範になろうと買って出た。以前の私は、他人を心に留めなかったので、少しでも不愉快なことがあれば、悪口を言った。世の中を呪い、誰かとしょっちゅう口喧嘩していた。だが、もうそんな自分は姿を消した。私の行いで一人でも幸せにできるとわかれば、それが何であれ成功させた。

ヨーロッパ居住のアジア人向けの雇用創出、顧客への心からの配慮、従業員らが成長し夢を叶えるためのサポート、健康的な調理、地球環境保全。これらはすべて、再生した私が考えたことだった。私はあの頃、与えれば与えるほど溢れるのが愛だと悟った。与えることで大きな幸福を味わえるものは、愛だけだった。それから間もなく、私は叶えたいことを全部、成し遂げられた。あんなに手に入れたかった時には逃げられてしまった成功と幸福。それなのに、自分から与えようとした途端に、さっと近づいてきて、もっと多くのものを手にできた。

人を愛さずして、長期的な成功は望めない。では、どうして人のために働くと成功できるのか？　万物の中で人間が絶滅せず生き残れた理由は、まさに愛があったからだ。井戸端に向かう小さな子供を見過ごすことのできない、人間の中心に据えられた慈しみの心が、生き残りを可能にしたのだ。

〈貢献〉の尊さを教えてくれたザッポス創業者

成功者の講演を聞こうと米国に行った時のこと。トニー・シェイというCEOに話を聞き、〈貢献〉に関する深い気づきを得た。ザッポス（Zappos）の創業者である彼は、台湾系アメリカ人だ。インターネットで靴事業を始めて10年経たないうちに、アマゾンに会社を12億ドルで売却し、億万長者になった。靴事業でアマゾンの目に留まったなんて、驚くべきことではないか。
しかし、これよりもっと驚くべきことは、彼の人間味溢れる経営哲学にあった。トニー・シェイは自分を「幸福の配達人」と呼んだ。この言葉を聞くやいなや、笑みがこぼれてしまった。単純に靴を売って富者になろうとしたのではなく、靴を通して顧客に幸福を届けようとしたとは。彼に尊敬の念を覚えた。おそらくアマゾンはザッポスの事業上の可能性だけではなく、人を尊く考える経営哲学を購入したのだ。善なる影響力があったからこそ、トニー・シェイは億万長者の仲間入りを果たしたのだろう。

ザッポスがどれほど人を重要視していたのか、よくわかるエピソードがある。ある顧客が自分の老いた母へのプレゼントに靴を注文した。悲しいことに靴が届く前にその母が亡くなってしまう。葬儀や遺産整理など、多くの時間が流れた後、顧客はその靴を発見する。そこで靴を注文していたことを、ようやく思い出したのだ。顧客はその靴を見るたびに母のことを思い出し悲しみに暮れた。そこでザッポスに電話をし、事情を説明し、返品と払い戻しを求めた。他の会社だったら、時間が経ちすぎているという理由でぴしゃりと断られていただろう。ところがザッポスの従業員たちはすぐに払い戻しを処理しただけでなく、手書きの手紙を添えた花束まで贈り、顧客を慰めたという。

私はこの話を聞いて、とても感動した。人に幸福を配達する仕事は、一瞬、損のように思われがちだが、何倍にも膨らんで舞い戻ってくる。実際にザッポスから幸福を受け取ったその顧客はその感動的なストーリーを広め、それがザッポスの企業イメージアップにつながった。トニー・シェイは、数多くのインターネット販売事業者たちとどのような点が違ったのか？　まさに人類愛だ。人を心から愛する精神があった。

トニー・シェイは、若くして不慮の事故で天に召されたが、幸福を配達する彼の精神はそのまま受け継がれている。特に彼は社員に貢献することが大事だと考え、「社員に自己犠牲を強要しないこと」「個人的利益ではなく、社員の幸福を考えて動くこと」「社員の信頼をまず得ること」という経営哲学で社員を包み込んだ。彼が単に、自分の成功を望み仕事をしていたら、こんなに多くの人が彼の名前を記憶しなかっただろう。我々が「私」ではなく「あなた」を大切に思わなければならない理由だ。

人を尊び生きよう

人は、人であるということだけで貴い存在だ。あなたを成功に導く〈ウェルシンキング〉の最後のヒントは、人を貴い存在だと思うことにある。会社や組織で大勢のリーダーを目にしてきたが、管理職に就いていても、必ずしも真のリーダーとは限らなかった。いくら大きな成果を収めても、部下に貢献することはおろか、成果を出す途中で部下の働きをないがしろにするようなら、内実を伴わないリーダーと言えるだろう。

私が本書の終わりのメッセージとして〈貢献〉を選んだのも意図的なことだ。世の中は互いに異なる客体の集合体ではなく、一つの有機体で成り立っている。我々の体の各器官が名前も形も異なるのにばらばらに見えないのと同じだ。我々は、互いに名前や顔が違うだけ。各自の場所で使命を果たして生きている。これを悟るまでに、実に長いこと時間がかかった。

左肩が痛ければ、右手で撫で、頭痛がすれば、両手で頭を支えるように、宇宙は一つ。世界に存在する万物は、互いの力や慰めとなる。このような意味から、私は〈貢献〉の重要性を説いている。結局、富者になることも、自分一人では不可能なことではないか。

ゆえに、多く〈貢献〉し、絶え間なく分け与えてほしい。苦しみに喘いだあなたの人生を振り返りながら、誰かの力となれ。倒れた者を起こし、飢える者に与えよ。自分が持つ善行の影響力で他人を救うことができたなら、それほど完璧な人生はない。誰よりも貧しく、みすぼらしかった私にもなせたのだから、あなたにもきっとできる。

「〈貢献〉する者、それは〈ウェルシンカー〉！」

この最後のメッセージを胸に

あなたも進んで〈ウェルシンカー〉になれ。

著者

ケリー・チェ（Kelly Choi）

ヨーロッパ12ヵ国で寿司販売を中心としたアジア系食品フランチャイズチェーンを1200店舗展開する、グローバル企業「ケリーデリ（KellyDeli）」の創業者／会長（2021年当時）。全羅北道で生まれ、ソウルの縫製工場で働きながら夜間定時制高等学校を卒業。その後、日本とフランスの大学などで学ぶ。30代でパリでファッション事業を立ち上げるが、10億ウォン（約1億円）の借金を抱える。これを機に、〈富者の思考〉と習慣を体得するため、1000人の成功者に学ぶ。2010年にケリー・デリを立ち上げ、2020年、「サンデー・タイムズ」が選ぶイギリスの資産家345位。

現在は、経営と〈富者の思考〉を伝えるために「ウェルシンキング・アカデミー」を設立。成功を目指す若者を中心に結成された「ケリーズ（Kellys）」を応援するため、YouTubeやInstagram、講演活動を通じて啓発活動を続けている。著書に『パリでお弁当を売る女』（2017年、未邦訳）、『100日朝習慣の奇跡』（2023年、未邦訳）がある。2022年には本書が大手ブックサイトYes24の「今年の本」に選出され、100刷突破記念刊行で表紙の装いを新たにした。2024年12月現在YouTube登録者数53.9万人、インスタグラムのフォロワー数14.2万人。YouTubeの動画数は800本以上、累計再生回数は1000万回を超える。再生回数467万回を超えた動画は日本語の字幕付き。

- YouTube：https://www.youtube.com/@KELLYCHOITV
- Instagram：@kelly_choi_happy/

訳者

小笠原藤子（おがさわら・ふじこ）

上智大学大学院ドイツ文学専攻「文学修士」。現在、慶應義塾大学・國學院大學他でドイツ語講師を務める傍ら、精力的に韓国語出版翻訳に携わる。訳書にキム・ウンジュ『＋1cm BEST』、キム・ユジン『朝イチの「ひとり時間」が人生を変える』、リュ・ハンビン『人生をガラリと変える「帰宅後ルーティン」』（以上、文響社）、チョン・スンファン『私が望むことを私もわからないとき』（ワニブックス）、イ・ギョンヘ『ある日、僕が死にました』（KADOKAWA）など多数。

富《ふ》者《しゃ》の思《し》考《こう》
お金《かね》が人《ひと》を選《えら》んでいる

2025年2月10日　初版発行

著　者　　ケリー・チェ
訳　者　　小笠原藤子
発行者　　菅沼博道
発行所　　株式会社 ＣＣＣメディアハウス
〒141-8205　東京都品川区上大崎3丁目1番1号
電話 販売 049-293-9553　編集 03-5436-5735
http://books.cccmh.co.jp

ブックデザイン　山之口正和＋高橋さくら（OKIKATA）
校　正　株式会社文字工房燦光
Ｄ Ｔ Ｐ　有限会社マーリンクレイン
印刷・製本　株式会社新藤慶昌堂

ISBN978-4-484-22125-0